注册金融分析师(CFA)考试指导用书　之一

破解 CFA
定量方法

林晨雷　著

中国财政经济出版社

图书在版编目（CIP）数据

破解CFA定量方法/林晨雷著.—北京：中国财政经济出版社，2011.11

注册金融分析师（CFA）考试指导用书 之一

ISBN 978-7-5095-3101-3

Ⅰ.①破… Ⅱ.①林… Ⅲ.①金融-分析-资格考试-自学参考资料 Ⅳ.①F83

中国版本图书馆CIP数据核字(2011)第184286号

责任编辑：卢关平 张怡然　　责任校对：王 英

封面设计：朱 江　　版式设计：董生平

中国财政经济出版社出版

URL：http：//www.cfeph.cn

E-mail：cfeph@cfeph.cn

社址：北京市海淀区阜成路甲28号 邮政编码：100142

营销中心电话：88190406 北京财经书店电话：64033436 84041336

北京中兴印刷有限公司印刷 各地新华书店经销

787×960毫米 16开 12印张 154 000字

2012年1月第1版 2012年1月北京第1次印刷

印数：1—3 000 定价：38.00元

ISBN 978-7-5095-3101-3/F·2629

（图书出现印装问题，本社负责调换）

质量投诉电话：010-88190744

总 序

自2004年主讲注册金融分析师（CFA）考前培训课程以来，已经度过七个春秋。尤记得当年CFA培训远无今日的盛况，第一次开班正好只有10名学员。那时的学生并无如今对CFA学习的狂热态度，即使在金融专业的学生中，了解CFA的也不多。培训机构只有两家，且都在为招生而头痛不已。七年后的今天，恍如隔世，大陆每年参加CFA考试的考生就多达2万人。在上海世贸商城考点，整层整层的展厅全部摆满桌椅，景象蔚为壮观。培训机构已有十余家，在东部地区的很多城市都开有面授课程。每次培训，在讲台上放眼望去，学员少则七八十名，多则一二百名，让笔者仿佛回到了学生时代，想起曾经坐在新东方课堂中学习GMAT的情景。

与考生人数大幅增长相对的，是CFA考试内容的越来越多以及通过率的逐年递减。CFA本身的难度要求培训机构要有一定的教学水平，要求培训师对金融知识和CFA考试出题方向有一定的把握。然而，中国CFA培训能力的增长远远跟不上考生人数的增长。CFA师资极度短缺就是最好的证明。CFA考前培训不同于大学的教育，它往往要求在极短的时间内讲述大量内容。比如，CFA定量方法（包括货币时间价值、统计学、技术分析）通常要求在一天半（9 个小时）之内讲完，某些强化班甚至要求半天（3 个小时）之内讲完；而在大学中，仅统计学的内容就至少需要 40 小时才能上完。此外，CFA 考试的知识结构与中国大学中的金融教育有很大不同。因此，各家培训机构在大学老师中基本上都难以寻觅到可以胜任 CFA 教学工作的人。而且，CFA 考试的出题思路也与一般人的想法截然不同，考过 CFA 考试的同学都有切身感受，比如计算题很少，语言描述极尽拗口等。因此，如果仅仅学会考纲中的知识，不代表就能通过考试。没有真切参加过 CFA 三个级别考试的人，更难以做好 CFA 培训工作。

然而，中国大陆的 CFA 持证人总共才约 2000 人，他们大都在金融机构忙着赚取高薪（像笔者这样无聊到有空写书的人并不多），没有时间也没有兴趣投身 CFA 培训。因此，不少培训机构只好在学员中开发 CFA 师资。经常有学员跟笔者说，他刚刚考过一级就被要求去编写一级中文教材；刚刚考过二级就被要求去教一级课程，甚至教二级课程。这样的培训质量可想而知。2010 年甚至爆出某知名 CFA 培训机构的首席培训师（研究院院长）连三级考试都未通过，却已经在教三级课程，还在课堂上自称是 CFA 持证人兼 CFA 三级考试命题人。当然，这只是极个别的现象，但却是当今 CFA 培训界愈发浮躁的一个缩影。一些培训机构只重视市场营销，以虚报的根本无法检验的考试通过率来吸引学员，而不重视师资的培养与辅导配套材料的开发。

当今 CFA 培训的最大症结就在于此。不少学员受到一些错误思想的误导，虽然花了大量时间来学习 CFA，但一直难有突破。一些学员原本对CFA满怀热情，但试听了几堂云里雾里的课之后，自信心已经不敌退堂鼓。还有些学员虽然通过了CFA一级考试，但二级考试却成了难以逾越的鬼门关，最终不得不放弃。即使经过长期认真复习的考生，到考试前夜仍然担心不已，考试通过与否似乎全凭运气与人品。

这套指导考试用书的目标在于，用最简单有效的逻辑把CFA考点串起来，用最浅显的语言把CFA考点讲清楚，再用配套的习题使得考生牢固掌握知识点。经笔者多年培训实践，这是唯一行之有效的方法。不少学员听完笔者的课程之后，认为笔者所说简单易学。有几位学员在上了笔者二级定量方法中时间序列分析的课程之后，强烈建议笔者把它们写作成书，以解决更多学员的疑惑。正是出于对考生负责的初衷，才有了这套书的问世。笔者因为自己多年的CFA培训经历，对考生们的心理以及在复习中遇到的困难有着深刻的了解，才不揣浅陋，贸然将课堂上的一些教学心得付梓，也敢于挑战市面上一些权威的错误思想。

有一种错误思想是过分迷信习题，认为CFA考试靠习题就能突破，一些培训机构甚至以“真题”为诱饵来吸引学员。笔者曾见一家培训机构的CFA一级班，给学员发50多套模考题。结果往往导致学员的金融基础很不好，这样可能确实可以通过一级，但想靠这种方法通过二级就很困难。笔者认为，题不在于多，而在于对路。许多模考题往往是各家培训机构自己瞎编的，其出题的路数与CFA考题相去甚远，甚至有许多题是错的。比如上面所提到的那家培训机构在发出了50多套模考题之后，在BBS上就开始连载发布纠错与更正，有时甚至一道题要更正好几次。瞎编的模拟题做了还不如不做。正是因此，笔者才特意仿照CFA考试的出题路数和语言描述方法，精制了多道习题收录在本书中，也即本书中所有标注【全真模拟】的习题。

还有一种错误思想认为，只要把金融知识全部掌握，掌握得越深刻越好，考试做题不成问题。因此，有些培训师在课堂上力求精确，常常要把考点往深了讲，每逢定理必证明，每讲债券久期的时候必然要展示一下他卓越的高等数学求导能力。这也难怪数学不好的学员要打退堂鼓。可惜，CFA考试不考定理的证明。要让学员记住公式的方法不是靠证明给他看，而是要靠理解公式的含义。由于笔者多年研究CFA考纲（LOS）和考题，因此这套书的写作宗旨之一就是“考到什么程度，就写到什么程度”。可能有一些金融专业出身的人士要批评本书中一些内容的描述不够精确，但本书的目标受众就是对金融一窍不通的广大考生，这些考生并不是要去做学术研究的。

此外，不少培训师上课有一个通病，就是把CFA各个考点割裂开来，而忽略它们在逻辑上相辅相成的关系。不少CFA辅导材料也是一条考纲配一段内容，各段之间完全隔断。笔者参与面试和培训过不少新老师，很多人上课就照着辅导材料的样式讲，口头禅都是“下面我们讲下一个考点”、“下面我们讲再下一个考点”……这样讲课，学员就很难记住这些考点，更不用说理解了。很多学员反映二级定量方法中的时间序列分析太难，完全不知道这六个模型是干嘛的，何时该用哪个。

因此，总有学员在听了笔者所讲的时间序列分析逻辑顺序之后说，终于第一次搞明白时间序列说的是什么。

这套书的出炉得到中国财政经济出版社的大力支持，又得到很多CFA学员和考生提供的第一手资料，在此鸣谢！

由于时间紧张，笔者水平亦有限，本书中难免有错漏和不当之处，还请读者批评斧正。衷心祝愿各位考生有志竟成，顺利突破CFA考试！

笔者的联系方式：

电子邮箱：remmylam@ yahoo. cn

博客地址：http：//remmylin. blog. hexun. com

林晨雷

2011年8月于上海

使用说明

本套丛书是注册金融分析师（CFA）考试的辅助教材，帮助考生快速理解 CFA 考点，梳理 CFA 知识架构，掌握 CFA 出题方法和解题技巧。丛书的目标在于用最简单有效的逻辑把 CFA 考点串起来，用最浅显的语言把 CFA 考点讲清楚，再用配套的习题使得考生牢固掌握知识点。

如何使用本书掌握 CFA 考点？

建议考生按照本书内容的前后顺序，首先通读一个章节，在理解所述内容的基础上，做章节后收录的标注【全真模拟】的习题。如果内容理解没有问题，习题也可以做对，那么可以认为这一章节内容已经初步掌握，可以开始看下一章节。如果对所述内容的理解有困难，或者习题无法做对，那么应当拿出你的 CFA 原版教材（curriculum）或其他培训机构的英文读书笔记（notes / study guide），找到相应的章节，反复读懂，并做对相应章节后的习题。

当然，鉴于 CFA 考试是全英文考试，如果考生有时间将 CFA 原版教材全部通读一遍，无疑对考试时理解题意有很大帮助。但是许多考生往往没有时间把 6 大本原版教材读完，因此先读本书是一个节省时间的方法。但必须说明的是，本书不能替代英文教材，如有时间应当多看英文教材。

如果读者看了本书和 CFA 原版教材之后仍然对某些内容有

疑问，也可以致信笔者切磋交流。

使用本书学习 CFA 考点应注意什么？

本书用最简单有效的逻辑把 CFA 考点串起来，帮助考生梳理 CFA 知识架构，便于考生记忆。使用本书学习时应特别注重掌握各考点之间的内在逻辑，而不要把各个考点割裂开来单独理解。

如何使用本书中所附的习题？

在本书中，笔者特意仿照 CFA 考试的出题路数和语言描述方法，精制了多道习题，即本书中所有标注【全真模拟】的习题。书中另有例题（标注“例”字以作区分），是为了对考点内容做举例说明，并非与考试真题的套路一致，请读者加以注意。

习题的目的是为了使考生掌握每个章节的考试方法和考试重点，考生应当在读完一个章节之后就做相应的习题。除此之外，考生还应当做完 CFA 原版教材相应章节后的习题。

在最后冲刺复习阶段，考生应将本书中所有标注【全真模拟】的习题重新做一遍，确保全部做对并充分理解每一题的意义。此外，CFA 协会官方网站上会有模考题（mock and online sample），也是极好的复习模考试卷。

在笔者的博客（http：//remmylin. blog. hexun. com）中，收录有笔者原著的“如何选择习题”和“CFA 真题的特征”两篇文章，可以教会考生如何辨别哪些习题比较有价值。

目　录

第一部分
CFA 一级定量方法

CFA 一级定量方法部分的考试占比为12%，共28题。它可以分为三个部分：

第一部分，包括第一章和第二章，统称为货币时间价值(time value of money)。它是金融学最基础的理论。金融学中所谓资产（asset）是指任何可以带来未来现金流的东西，因此资产的价值就是未来现金流的折现。CFA 考试要求我们给多种资产定价，包括股票、债券和衍生产品等，因此必须学好货币时间价值。定量方法部分的考题一般很少涉及货币时间价值的内容，因为它潜移默化地出现在股票、债券和衍生产品的定价中。

第二部分，包括第三章到第七章，统称为统计学（statistics)。它是 CFA 一级定量方法考试的主要内容。其中第三章到第五章教会我们如何描述一组数据的分布性质，称为描述性统计。第六章和第七章教会我们如何从样本来判断总体的情况，称为推断性统计。

第三部分为第八章技术分析（technical analysis)，它不是考试的重点，它似乎更应该被归到权益的内容中。

第一部分

CFA一级定量方法

[illegible]

[illegible]

[illegible]

[illegible]

第一章　货币时间价值

现值和终值

货币时间价值（time value of money）是金融学最基础的概念，对这部分知识的理解对于学习金融学至关重要，尽管在考试中专门考货币时间价值的题目占比很小。在其他章节也大量涉及货币时间价值的内容，例如，公司金融章节需要计算 *NPV* 和 *IRR*，任何资产的定价都需要现金流折现。

利率（interest rate）或者收益率（rate of return）是货币的单期价格（时间价值），可以理解为投资的要求回报率或者折现率（discount rate）。要使货币具有时间价值，必须将货币以一个正的收益率进行投资。投资之后，货币会随着时间的延续而增值，也就是说，现在的 1 元钱等于将来的 1 元多钱。

如果我们有 a 元钱进行投资，投资年收益率为 r，投资 n 年，以单利计算，n 年以后我们可以得到 $a\times(1+r\times n)$ 元。以复利计算，n 年以后我们可以得到 $a\times(1+r)^n$ 元。

由于现在的 1 元钱和将来的 1 元钱价值不相等，因此不同时点的货币不能直接进行比较，我们必须把它们换算到相同的时点上，然后才能进行比较和四则运算。

我们把货币在投资期初的价值称为现值（present value，简称 PV），在投资期末的价值称为终值（future value，简称 FV）。货币时间价值的计算全部用复利计算。现在，拿出你的 TI BAII Plus®计算器，我们一起来计算现值和终值。

计算器的货币时间价值（TVM）功能键集中在第 3 行，让我们来熟悉一下：

N：投资期限，或称复利期间的个数

I/Y：每个复利期间的投资收益率（不要百分号），即折现率

PV：现值

PMT：每个复利期间末的现金流

FV：终值

我们还要用到两个按键，[CPT] 是第一行最左边的按键 compute；[2nd] 是第二行最左边的黄色按键，用以启动每个按键上方黄色字体所述的功能。

例 1-1　将 100 元以 5% 的年收益率投资 4 年，终值为多少？

答案：

$FV = PV \times (1 + r)^n = 100 \times (1 + 5\%)^4 = 121.55$

下面我们用计算器的 TVM 功能计算。

首先，你要清空 TVM 内的存储：[2nd] [CLR TVM]。每次使用 TVM 功能前都要记得清空 TVM 内的存储，否则你的答案每次都跟人家不一样。

然后输入：4 [N] 5 [I/Y] 100 [PV] [CPT] [FV]，得到答案 $FV = -121.55$。

我们通常记作：$N = 4$，$I/Y = 5$，$PV = 100$，$CPT \rightarrow FV = -121.55$。后面都将这样叙述。

忽略答案前面的负号，我们得到终值为 121.55 元。

【全真模拟】Gloria Luo wants to get \$200 in five years. If she can invest in money market today at an interest rate of 6 percent, then what is the value she should put into the money market today?

A. \$149.95

B. $150.30

C. $151.54

【名师详解】如果年收益率为6%，要在5年以后得到200元，现在应投入多少钱？

$PV = FV/(1+r)^n = 200/(1+6\%)^5 = 149.45$

使用计算器：$N = 5$，$I/Y = 6$，$FV = 200$，$CPT \rightarrow PV = -149.45$。

【答案】A

有效年利率

金融产品（如债券）的报价通常是名义年利率（nominal rate, stated annual rate），并告知年复利次数。由于复利次数的不同，实际的年利率不等于名义年利率。我们称实际的年利率为有效年利率（effective annual rate，简称 EAR）。假定每年复利 m 次，那么有效年利率与名义年利率的关系式如下：

$$EAR = \left(1 + \frac{\text{名义年利率}}{m}\right)^m - 1$$

例1-2　某债券的名义年利率为8%，每年支付利息两次（年复利次数为2），则其有效年利率为多少？

答案：

$EAR = (1 + \text{nominal rate}/m)^m - 1 = (1 + 8\%/2)^2 - 1 = 0.0816 = 8.16\%$

可以看到，有效年利率大于名义年利率。如果年复利次数越多，那么有效年利率越大。我们可以算出 $m = 4$ 和 $m = 12$ 时的 EAR，如下：

$EAR = (1 + 8\%/4)^4 - 1 = 0.0824 = 8.24\%$

$EAR = (1 + 8\%/12)^{12} - 1 = 0.0830 = 8.30\%$

如果年复利次数非常非常多（复利期间非常非常短），那么 *EAR* 是否趋近于无穷大呢？我们说如果 m 趋向于正无穷，*EAR* 并不趋近于无穷大，而是趋近于 $e^{名义年利率}-1$。我们称之为连续复利（continuous compounding）。在上例中，如果每年复利无穷多次，$EAR=e^{0.08}-1=0.0833=8.33\%$。这里的 e 是自然对数底，是一个常数，约等于 2.718。要计算 $e^{0.08}$，你可以使用计算器：0.08［2nd］［e^x］。

例 1－3 将 100 元以 5% 的年收益率投资 4 年，每月复利一次，终值为多少？

答案：

$FV=PV\times(1+r/m)^{mn}=100\times(1+5\%/12)^{12\times4}=122.09$

使用计算器：$N=4\times12=48$，$I/Y=5/12=0.4167$，$PV=100$，$CPT\rightarrow FV=-122.09$。

由于每月复利一次，使用计算器时，复利期间的个数 N 要乘以 12，每个复利期间的投资收益率 I/Y 要除以 12，就好像把 1 个月看作 1 年。

例 1－4 如果年收益率为 6%，每年复利两次，要在 5 年以后得到 200 元，现在应投入多少钱？

答案：

$PV=FV/(1+r/m)^{mn}=200/(1+6\%/2)^{2\times5}=148.82$

使用计算器：$N=5\times2=10$，$I/Y=6/2=3$，$FV=200$，$CPT\rightarrow PV=-148.82$。

【全真模拟】What is the value in five years of \$100 invested today at an interest rate of 10 percent compounded quarterly?

A. \$163.86

B. \$150.00

C. \$143.54

【名师详解】由于每季度复利一次，因此相当于把一个季度看作一年。n 应乘以 4，表示总共有 20 个季度。I/Y 应除以 4，表示季度收益率为 2.5%。

$PV = 100$，$n = 5 \times 4 = 20$，$I/Y = 10/4 = 2.5$，$CPT \rightarrow FV =$ 163.86。

【答案】A

【全真模拟】Tommy Simons, CFA, stated annual interest rate on an investment is 8.00 percent and the effective annual interest rate is 8.24 percent. The return on the investment is compounded:

A. monthly

B. quarterly

C. continuously

【名师详解】这题只有通过计算每一种复利方法下的有效年利率，才能确定最终答案。

$(1+8\%/4)^4 = 1.0824$，即每季度复利的有效年利率为 8.24%。

$(1+8\%/12)^{12} = 1.0830$，即每月复利的有效年利率为 8.30%。

$e^{0.08} = 1.0833$，即连续复利的有效年利率为 8.33%。

【答案】B

年　金

年金（annuity）是指在一段时间内间隔相等、金额相同的一系列现金流。例如，某个金融产品每年年末会向投资者支付 500 元，总共支付 8 年，这就是一个年金。

根据现金流是在期初还是期末支付，年金可以分为普通年金和先付年金。

普通年金（ordinary annuity）的现金流在每期期末支付。要计算普通年金的现值或终值，我们就必须计算一系列现金流的现值或终值之和。我们要用到［PMT］按键。

例1-5 计算普通年金的现值

某年金产品每年年末会向投资者支付100元，总共支付3年，年收益率为6%，那么其现在的价格应为多少钱？

答案：

$PV = 100/(1+6\%) + 100/(1+6\%)^2 + 100/(1+6\%)^3 = 267.30$

使用计算器：$N=3$，$I/Y=6$，$PMT=100$，$CPT \to PV = -267.30$。

例1-6 计算普通年金的终值

某年金产品每年年末会向投资者支付100元，总共支付3年，如果所有现金流都以6%的年收益率再投资，那么在第3年年末时，投资者总共有多少钱？

答案：

$FV = 100 \times (1+6\%)^2 + 100 \times (1+6\%) + 100 = 318.36$

使用计算器：$N=3$，$I/Y=6$，$PMT=100$，$CPT \to FV = -318.36$。

【全真模拟】Anderson is shopping for a home. His budget will support a monthly payment of $1500 on a 30-year mortgage with an annual interest rate of 7.2%. If he puts a 10% down payment on the home, the most he can pay for his new home is closest to:

A. $191518

B. $228840

C. $245665

【名师详解】Anderson想买房子，他每月能支付1500美元，30年期按揭贷款年利率为7.2%。如果他首付10%，那么他最多能买多少钱的房子？

每月支付1500元，共支付360个月（30年），月利率

0.6%，则现值为 221098.107 元（$N=360$，$I/Y=0.6$，$PMT=1500$，$CPT\rightarrow PV$）。这 221098.107 元需要支付 90% 的房款，那么他能够买的房价为 221098.107/（1－10%）＝245664.56。

【答案】C

先付年金（annuity due）的现金流在每期期初支付。由于我们的计算器设置为 PMT 是在期末支付的，因此计算先付年金的现值或终值就要麻烦一点。

例 1－7　计算先付年金的现值

某年金产品每年年初会向投资者支付 100 元，总共支付 3 年。如果年收益率为 6%，那么其现在的价格应为多少钱？

答案：

$PV=100+100/(1+6\%)+100/(1+6\%)^2=283.34$

使用计算器：$N=2$，$I/Y=6$，$PMT=100$，$CPT\rightarrow PV=-183.34$。

$183.34+100=283.34$

我们先忽略第一个 100 元现金流，将后两个 100 元折现到现在（0 时刻），现值为 183.34 元。再加上第一个 100 元，因此现值为 283.34 元。

例 1－8　计算先付年金的终值

某年金产品每年年初会向投资者支付 100 元，总共支付 3 年，如果所有现金流都以 6% 的年收益率再投资，那么在第 3 年年末时，投资者总共有多少钱？

答案：

$FV=100\times(1+6\%)^3+100\times(1+6\%)^2+100\times(1+6\%)=337.46$

使用计算器：$N=3$，$I/Y=6$，$PMT=100$，$CPT\rightarrow FV=-318.36$。

$318.36\times(1+6\%)=337.46$

我们计算 3 笔现金流的终值为 318.36 元，这个终值是第 2

年年末时（2时刻）的价值，而我们要计算第3年年末时（3时刻）的价值。因此，我们相当于计算318.36元在1年以后的终值，即 $318.36\times(1+6\%)=337.46$ 元。

永续年金

永续年金（perpetuity）是指间隔相等、金额相同的一系列现金流，一直无限支付下去。永续年金的现值等于每期支付的现金流除以折现率。

$$PV_{perpetuity}=\frac{PMT}{I/Y}$$

例1-9 计算永续年金的现值

某优先股股票每年会向投资者支付4元，一直无限支付下去。如果年收益率为8%，那么其现在的价格应为多少钱？

答案：

$PV=4/8\%=50$

例1-10 计算永续年金的收益率

某优先股股票每年会向投资者支付3元，一直无限支付下去。如果其现在的价格为50元，那么其投资收益率为多少？

答案：

$rate\ of\ return=3/50=6\%$

不规则现金流

TVM功能只能用来计算规则的现金流，要计算不规则现金流的现值和终值，我们只能将各个现金流拆开单独计算。幸好，我们可以用现金流（CF）功能来计算不规则现金流的现值和终值。

例 1－11　计算不规则现金流的现值

某投资会在第一年年末带来 200 元现金流出，第二年年末带来 250 元现金流入，第三年年末带来 300 元现金流入。如果年收益率为 8%，那么其现在的价值应为多少钱？

答案：

$PV = -200/(1+8\%) + 250/(1+8\%)^2 + 300/(1+8\%)^3 = 267.30$

使用计算器：

计算器按键	解释	显示屏显示
[CF] [2nd] [CLR WORK]	清空 CF 内的存储	$CF_0 = 0.0000$
0 [ENTER]	最初时刻（0 时刻）的现金流出为 0	$CF_0 = 0.0000$
[↓] 200 [+/−] [ENTER]	第一期现金流为 −200	C01 = −200.0000
[↓] [↓] 250 [ENTER]	第二期现金流为 250	C02 = 250.0000
[↓] [↓] 300 [ENTER]	第三期现金流为 300	C03 = 300.0000
[NPV] 8 [ENTER]	折现率为 8%	I = 8.0000
[↓] [CPT]	计算现值	NPV = 267.2992

复杂的货币时间价值题目

在做复杂的货币时间价值题目之前，画一个时间轴是很有必要的。我们通过一个例题来解释。

例 1－12　某人的儿子在 3 年后要上大学，每年的学费为 10000 元，共 4 年，每年年初支付。他打算从现在开始，每年年初存入相同数额的钱在银行用以支付学费，连续存 3 年，利率为 4%。问他这 3 年中每年应存入多少钱？

答案：

先画一个时间轴如下：

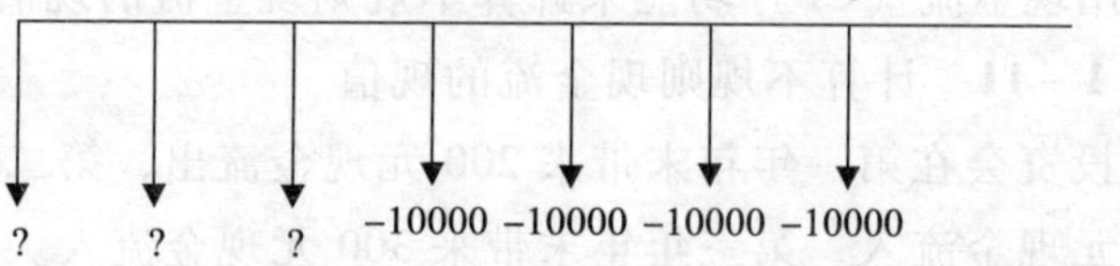

通过时间轴，我们可以很容易看清各现金流的时间和金额。

首先，我们计算4笔学费在第二年年末（2时刻）的价值。使用计算器：$N=4$，$I/Y=4$，$PMT=10000$，$CPT\rightarrow PV=-36298.95$。

这个价值应该等于3笔存款在第二年年末（2时刻）的终值。我们可以计算存款金额如下：$N=3$，$I/Y=4$，$FV=36298.95$，$CPT\rightarrow PMT=-11628.32$。

即这3年中每年应存入11628.32元，就能保证付学费。

本章重要考点

考点一：计算现金流的现值、终值、折现率。

考点二：计算有效年利率。

考点三：计算年金和永续年金的现值、终值、折现率。

第二章　现金流折现的应用

净现值

投资的净现值（net present value，简称 NPV）是指投资的所有预期现金流的现值之和，也等于所有预期的未来现金流的现值之和减去期初投资额。用公式表示为：

$$NPV=\frac{CF_1}{(1+r)^1}+\frac{CF_2}{(1+r)^2}+\frac{CF_3}{(1+r)^3}+\cdots+\frac{CF_N}{(1+r)^N}-NI$$

CF_t：预期 t 时刻的现金流

r：每个复利期间（通常为年）的投资收益率，即折现率

NI：期初投资额

例 2-1　计算净现值

一个项目的期初投资为 4200 元，每年年末能产生 1000 元现金流，持续 6 年。假定折现率为 10%，求该项目的净现值。

答案：

$N=6$，$I/Y=10$，$PMT=1000$，$CPT \rightarrow PV=-4355.26$

$NPV=PV-initial\ investment=4355.26-4200=155.26$

内部收益率

投资的内部收益率（initial rate of return，简称 IRR）是指能够使投资净现值为零的折现率，或者说是使所有预期的未来现金流的现值之和等于期初投资额的折现率。

$$NI=\frac{CF_1}{(1+IRR)^1}+\frac{CF_2}{(1+IRR)^2}+\frac{CF_3}{(1+IRR)^3}+\cdots+\frac{CF_N}{(1+IRR)^N}$$

内部收益率要用试错法来计算，当然，我们可以使用计算器通过求解 I/Y 来计算。

例 2-2 计算内部收益率

一个项目的期初投资为 4200 元，每年年末能产生 1000 元现金流，持续 6 年。求该项目的内部收益率。

答案：

$N=6$，$PMT=1000$，$PV=-4200$，$CPT\rightarrow I/Y=11.25\%$

即项目的内部收益率为 11.25%。值得注意的是，这里的 PV 输入为负数，表示期初现金流出。

如果一个项目有正的 NPV，那么其内部收益率就大于投资者的必要收益率（折现率）。如果一个项目有负的 NPV，那么其内部收益率就小于必要收益率（折现率）。如果一个项目的 NPV 等于 0，那么其内部收益率就等于必要收益率（折现率）。

如果一个项目有正的 NPV，那么投资这个项目就能增加公司价值。我们应该投资于 NPV 大于 0 的项目，拒绝 NPV 小于 0 的项目。如果两个项目是互斥的，那么应该投资于 NPV 较大（且 $NPV>0$）的项目。

同样，我们应该投资于 IRR 大于必要收益率的项目，拒绝 IRR 小于必要收益率的项目。对于单个投资项目，用 NPV 方法和用 IRR 方法得到的结果是一样的。

但是，对于两个互斥的项目，用*NPV*方法和用*IRR*方法得到的结果可能是相反的。也就是说，*NPV*大的项目可能*IRR*较小。这是因为：*NPV*方法假设所有现金流以必要收益率进行再投资，而*IRR*方法假设所有现金流以*IRR*进行再投资。

对于两个互斥的项目，如果*NPV*方法和*IRR*方法得到的结果相反，我们采取*NPV*方法。也就是说，总是选择*NPV*较大的项目。

一般来说，*NPV*和*IRR*应当出现在公司金融（Corporate Finance）部分的考题中，它不大可能出现在定量方法部分。

【全真模拟】Which of the following statements about capital – investment decisions is FALSE?

A. Not all projects with a positive net present value（NPV）represent good investments

B. The NPV is generally considered to be a superior measure of value relative to the IRR

C. The internal rate of return（IRR）assumes that cash flows are reinvested at the company's cost of capital

【名师详解】*NPV*大于0是投资项目的必要条件，但是如果*NPV*较小，则投资价值也不大。比如一个项目需要期初投资1亿美元，而*NPV*为1000美元，那么这个项目就没有太大的投资必要。因此A正确。

一般来说，对于两个互斥的项目，如果*NPV*方法和*IRR*方法得到的结果相反，我们采取*NPV*方法。也就是说，认为*NPV*方法优于*IRR*方法。因此B正确。

*IRR*方法假设所有现金流以*IRR*进行再投资，而不是以公司的资本成本再投资。因此C不正确。

【答案】C

时间加权收益率和货币加权收益率

时间加权收益率和货币加权收益率计算是分析资产组合绩效的标准工具。

时间加权收益率（time - weighted return）更偏好于被用来考察管理者绩效，因为它不受到投资项目资金流入和流出的影响。它是用每期收益率的几何平均来计算的。我们将在后面详细介绍几何平均的收益率。

货币加权收益率（money - weighted return）受到投资项目资金流入和流出的影响。它本质上就是投资组合的内部收益率（*IRR*）。

【全真模拟】An fund's holding period yield is as follows：

Quarter 1	10%
Quarter 2	9%
Quarter 3	3%

The value of the fund is ＄6700000 at the beginning of the fourth quarter，and the investor receives dividend ＄200000 at the end of 2007. At the end of the fourth quarter the value of the fund is ＄6100000，the time - weighted return of 2007 is：

A. 12. 4%

B. 16%

C. 13%

D. 15%

【名师详解】首先计算第四季度的持有期收益率为 -5. 97%：

（6100000 - 6700000 + 200000）/6700000 = - 5.97%

有了每个季度的持有期收益率之后，可以得到资金在一年之内的增长情况：

（1 +10%）（1 +9%）（1 +3%）（1 - 5.97%）=116%

116%表示若年初投资1元，年底可以得到1.16元，即2007年度的收益率为16%。

【答案】B

几种收益率的度量

银行折价收益率（bank discount yield）以单利按票面值计算投资的年利息。美国短期国债（T - bill）的报价采用银行折价收益率报价，银行折价收益率不是购买国债可以获得的收益率，它实际上不应被称作收益率，它仅仅是报价而已。

$$\text{银行折价收益率} = \frac{\text{从面值上的折价}}{\text{债券面值}} \times \frac{360}{\text{债券剩余天数}}$$

公式右边第一项（折价/面值）称为折价率，表示短期国债的价格是从面值上打了几折。例如，一个面值为1000元的短期国债，剩余期限为90天，价格为990元。则这个债券的折价率为（1000 - 990）/1000 = 1%。这个债券在美国债券市场上的报价为4%，而不是报990元。

持有期收益率（holding period yield，简称HPY）是忽略货币时间价值的、简单的计算收益率的方法。

$$HPY = \frac{\text{期末资产价值} - \text{期初投资额} + \text{期间收入}}{\text{期初投资额}}$$

例如，一个债券3个月以前以1000元购入，现在以1010元售出，期间收到利息20元，则持有期收益率为（1010 - 1000 + 20）/1000 = 3%。

持有期收益率可以是一年的，也可以是任意一段时间（天、周、月等）的。

有效年收益率（effective annual yield，简称 EAY）是指按每年 365 天的标准将 t 天的持有期收益率以复利方式年化（annualized）而得到的收益率。

$$EAY = (1 + HPY)^{365/t} - 1$$

上例中的债券 3 个月（90 天）的持有期收益率为 3%，则有效年收益率为：

$$(1 + 3\%)^{365/90} - 1 = 12.74\%$$

货币市场收益率（money market yield，简称 R_{MM}）是指按每年 360 天的标准将 t 天的持有期收益率以单利方式年化而得到的收益率。

$$R_{MM} = HPY \times \frac{360}{t}$$

上例中的债券 3 个月（90 天）的持有期收益率为 3%，则货币市场收益率为：

$$3\% \times 360/90 = 12\%$$

以上 4 种收益率是债券收益率的不同表示形式，它们有不同的作用。例如，要比较持有期不同的债券的收益率，我们需要计算债券的有效年收益率（EAY），这样才能进行比较。又比如，要对美国短期国债（T－bill）的收益率和伦敦银行间同业拆借利率（LIBOR）做比较，我们需要先把国债的收益率转化为货币市场收益率，然后再把它与 LIBOR 进行比较，因为 LIBOR 已经是货币市场收益率。

读者如果感觉对上述 4 种收益率的理解有困难，应当先通读固定收益证券（fixed－income securities）部分，在充分理解了债券定价之后，再回过来看这 4 种收益率就会很容易了。

【全真模拟】U. S. T－bill with a face value of ＄100000 and 270 days until maturity is selling for ＄96400, the money market yield on this security is closest to：

A. 4.80%

B. 4.87%

C. 4.98%

【名师详解】首先计算国债的持有期收益率为 3600/96400 = 3.73%。然后计算货币市场收益率：3.73% ×360/270 =4.98%。

【答案】C

本章重要考点

考点一：计算投资项目的净现值和内部收益率，并比较投资项目的优劣。

考点二：区别时间加权收益率和货币加权收益率。

考点三：计算债券等价收益率、银行折价收益率、持有期收益率、有效年收益率、货币市场收益率。

第三章 数理统计基础

统计的目的

统计能为我们做什么？对一般人而言，统计就是收集数据，让我们知道总体状况是怎么样的；这完全正确，但这仅仅是统计的一部分而已。统计更重要的意义在于数据分析，数据分析的目的是作出判断和预测。

描述性统计（descriptive statistics）是对数据的性质的描述。例如我们后面要学到的均值，描述了数据的中心趋势；而方差则描述了数据的离散程度。

推断性统计（inferential statistics）是用来作判断和预测的。例如我们后面要学到的假设检验，就是用来作判断的；我们在二级定量方法中还要学回归分析和时间序列分析，其就是用来作预测的。

总体和样本

总体（population）是我们所要研究的所有个体的集合。例如我们想要研究中国人的身高状况，那么所有中国人的身高的集合就是我们的总体。样本（sample）是从总体当中抽取出来的一个子集。例如抽取100个中国人，分别量了他们的身高，那么这100个身高的集合就是一个样本。这个样本的样本量（sample size）为100。

我们研究一个总体，通常不是想要了解每一个个体的情况，而是想要知道某些总体参数（population parameter）。例如研究中国人的身高状况，并不是想要知道每一个中国人的身高是多少，而仅仅想知道中国人的平均身高而已（这样就可以与10年前的平均身高作比较）。总体参数是总体中个体数值的函数，例如总体均值、总体方差等等。在上例中，我们想了解总体均值，就是所有中国人身高加起来除以总人口等于几。

但是由于种种原因，我们通常不能得到总体中所有个体的数值，我们只能抽取一个样本，来计算样本统计量（sample statistic）。样本统计量是样本中个体数值的函数，例如样本均值、样本方差等等。例如我抽取了100个中国人，分别量了他们的身高，计算了他们的平均身高，用来估计中国人总体的平均身高。

关于抽样和估计的具体内容，我们会在后面的章节详细阐述。在这里，你需要记住：总体对应总体参数，样本对应样本统计量。

四种度量尺度

统计研究的对象是数据。数据的度量尺度（measurement scales）有强有弱，但不外乎以下4种：

1. 名义尺度（nominal scales）。名义尺度数据虽然看上去是数值型数据，但其实是文本型数据。比如我们把男性记为1，把女性记为0。又比如我用2表示“中国股票”，4表示“美国股票”。名义尺度数据不能比较大小，也不能作四则运算。

2. 排序尺度（ordinal scales）。排序尺度数据的大小代表某种顺序。例如某次歌唱比赛，排出前 8 名，那么这个名次数据（1 ~ 8）就是排序尺度数据。排序尺度数据只能比较大小，不能作四则运算。例如我可以说第 2 名比第 3 名唱得好，但我不能说第 2 名和第 3 名的差距就是第 3 名和第 4 名的差距。

3. 间隔尺度（interval scales）。间隔尺度比排序尺度更进一步，它使得数据之间间隔相等。这样，间隔尺度数据不仅能比较大小，还能作加减运算，但不能作乘除运算。温度（摄氏度）是间隔尺度的最好例子，例如上海 20 度，北京 10 度，那么我可以说上海温度比北京高 10 度，但我不能说上海的温度是北京的两倍。

4. 比例尺度（ratio scales）。比例尺度比间隔尺度更进一步，它增加了一个绝对零点。这样，比例尺度数据不仅能比较大小，能作加减运算，还能作乘除运算。大多数数据都是比例尺度的，例如人的身高、债券的价格、公司的销售额等。

以上 4 种度量尺度是按照由弱到强的顺序排列的。

【全真模拟】An analyst gathered the price-earnings ratios（P/E）for the firms in the S&P 500 and then ranked the firms from highest to lowest P/E. She then assigned the number 1 to the group with the lowest P/E ratios, the number 2 to the group with the second lowest P/E ratios, and so on. The measurement scale used by the analyst is best described as：

A. ratio

B. ordinal

C. interval

D. nominal

【名师详解】分析师将股票根据市盈率（P/E ratio）排序，并分别给予 1、2、3 等数字代号，这些数据表示一定的顺序，因此是排序尺度。

【答案】B

频度分布

频度分为绝对频度（absolute frequency）、相对频度（relative frequency）和累积频度（cumulative frequency）。通过以下例子很容易理解上述概念。

例如，某股票过去25年的年收益率如下（我们已经将它们按升序排列了）：

-28.5%，-22.2%，-19.7%，-19.6%，-12.5%，-8.8%，-8.0%，-6.7%，-0.9%，0.5%，0.6%，1.9%，2.8%，4.4%，7.0%，7.7%，10.2%，15.0%，16.6%，16.9%，18.1%，20.0%，23.1%，25.6%，37.8%。

现在我们想看看这个股票的收益率分布情况。

首先，我们观察收益率大致位于什么范围之内。我们发现收益率位于-30%~40%的区间内。

其次，我们将-30%~40%这个区间分段。例如，每10%分为一段区间段，总共分为7段。

最后，我们计算落在每个区间段内的观测值个数，即为绝对频度。所有频度见表3-1：

表3-1

区间段	绝对频度	相对频度	累积绝对频度	累积相对频度
[-30%，-20%)	2	8%	2	8%
[-20%，-10%)	3	12%	5	20%
[-10%，0%)	4	16%	9	36%
[0%，10%)	7	28%	16	64%
[10%，20%)	5	20%	21	84%
[20%，30%)	3	12%	24	96%
[30%，40%]	1	4%	25	100%
总计	25	100%	—	—

从表 3－1 容易看出，相对频度为绝对频度占总观测值的比率；累积绝对频度为落在该区间段以及该区间段左边的观测值数量的累积；累积相对频度为落在该区间段以及该区间段左边的相对频度的累积。

为直观起见，也可以将上表的频度数据在坐标空间内以柱状图（histogram）或者频度折线图（frequency polygon）等形式画出来。其中，相对频度的频度折线图类似我们后面要学的概率密度函数（pdf）（见图 3－1、图 3－2）。

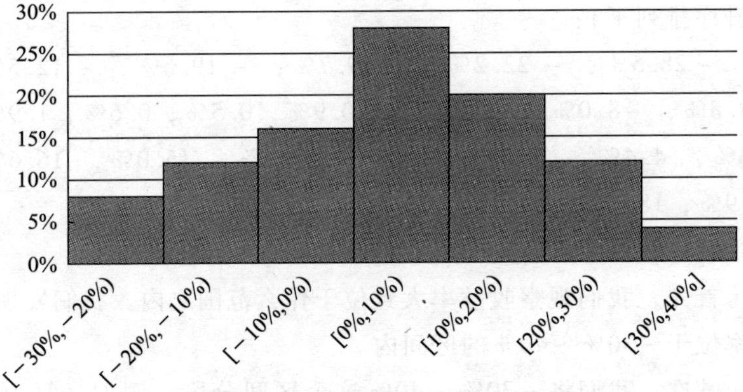

图 3－1　相对频度的柱状图

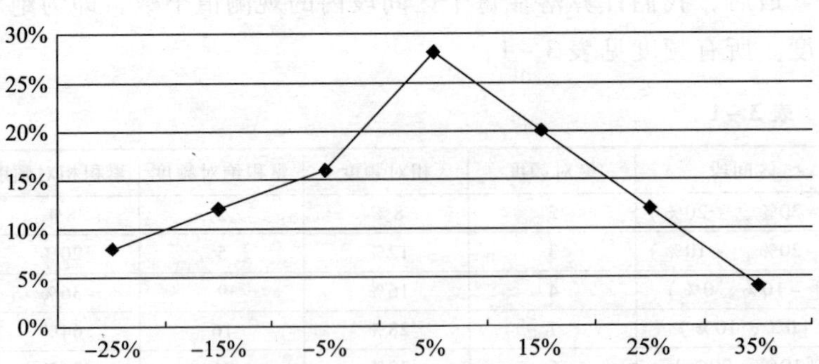

图 3－2　相对频度的频度折线图

中心趋势的度量

拿到一组数据，我们往往首先会想知道这组数据的中心位置在哪里，即数据围绕什么中心数值波动，这称为中心趋势（central tendency）的度量。

均值

最常用的衡量中心趋势的方法，毫无疑问，就是均值（mean）了。均值可以分为以下4种：

1. 算术平均（arithmetic mean）：如果一组数据共有 n 个数值，那么其算术平均为所有数值之和除以 n。通常所说的均值即指算术平均。一般的，一个总体的均值和一个样本的均值也是算术平均。

总体均值（population mean）为：$\mu = \frac{1}{N}\sum_{i=1}^{N} X_i$

样本均值（sample mean）为：$\bar{x} = \frac{1}{n}\sum_{i=1}^{n} x_i$

2. 几何平均（geometric mean）：如果一组数据共有 n 个数值，那么其几何平均为所有数值之积开 n 次方。

$$\bar{x}_g = \sqrt[n]{x_1 x_2 \cdots x_n}$$

几何平均在金融学中的应用：在绩效评估时，历年收益率的平均收益率应该用几何平均收益率，即时间加权收益率（time-weighted return）。如前所述，它不受到投资项目资金流入和流出的影响。几何平均收益率为 t 年的年收益率分别加1之后相乘，再开 t 次方，然后减1。公式为：

$$\overline{R_G} = \sqrt[t]{(1+R_1)\ (1+R_2)\ \cdots\ (1+R_n)} - 1$$

3. 加权平均（weighted mean）：所有数值分别乘以各自的权重，然后相加。

$$\overline{X_w} = \sum_{i=1}^{n} w_i x_i = w_1 x_1 + w_2 x_2 + \cdots + w_n x_n$$

其中，w_i为x_i的权重（$i = 1, 2, \cdots, n$），且权重之和为1（$w_1 + w_2 + \cdots + w_n = 1$）。当所有权重都相等时，加权平均即为算术平均。

加权平均在金融学中的应用：一个资产组合的收益率，等于其中各个资产收益率的加权平均，权重为各个资产市值占总的资产组合市值的百分比。

4. 调和平均（harmonic mean）：调和平均的倒数是数值倒数的平均。

$$\overline{x_h} = \frac{n}{\sum_{i=1}^{n} \frac{1}{x_i}}$$

当观测值不全相等时，有：调和平均<几何平均<算术平均。

【全真模拟】What is the relationship among geometric mean, harmonic mean and arithmetic mean if the observations are not all equal?

A. harmonic mean < geometric mean < arithmetic mean

B. arithmetic mean < geometric mean < harmonic mean

C. geometric mean < harmonic mean < arithmetic mean

【名师详解】CFA 考试有一个特点，就是喜欢考定性的题目，而不是定量的计算。比如对于均值，CFA 要考的是其大小关系，而不是如何计算每一个均值。

【答案】A

中位数

如果我们有一组数据，把它们按从小到大的顺序排列，将这一列数列等分成两份，这个分位数称为中位数（median）。对于由奇数个数组成的数列，中位数就是中间的那个数。对于由偶数个数组成的数列，中位数就是中间的那个两个数相加除以2。中位数也是一种衡量中心趋势的方法。

由于均值受异常值（outlier）影响较大，因此用均值来估计中心趋势显得很不稳定。而中位数的优点是受异常值影响较小，估计量稳定。

众数

还有一种衡量中心趋势的方法，称为众数（mode），众数就是一组数据中出现次数最多的数。

例如：

数列：1，1，2，2，3，3，3，4，5，其众数为3。

数列：1，1，1，2，2，3，3，3，4，5，其众数为1和3。

数列：1，2，3，4，5，其没有众数。

一组数据可能有一个众数，可能有多个众数，也可能没有众数。众数的这一性质使得其使用范围受到很大限制。

分位数

如果我们有一组数据，把它们按从小到大的顺序排列，分位数（quantile）就是正好能将这一列数列等分的数。

我们可以将这一列数列等分成两份，这个分位数称为中位数（median）。

当然，我们也可以将这一列数列等分成4份，这3个分位数都称为四分位数（quartile），它们从小到大依次称作：第1个四分位数、第2个四分位数和第3个四分位数。第2个四分位数就是中位数。

同样，我们也可以将这一列数列等分成5份，得到4个五分位数（quintile）。我们也可以将这一列数列等分成10份，得到9

个十分位数（decile）。我们也可以将这一列数列等分成100份，得到99个百分位数（percentile）。

我们可以把所有的分位数都转换成百分位数。例如，第2个五分位数就是第40个百分位数，第3个四分位数就是第75个百分位数。这样，我们就可以用以下公式来计算分位数：

$L_y = (n+1)y/100$

其中：

n：数列中一共有多少个数

y：第几个百分位数

L_y：结果是数列的第几个数

通过以下两个例子可以进一步理解这个公式。

例3-1　分位数

有这样一组数列：2，5，7，9，12，16，21，34，39。计算第4个五分位数。

答案：

第4个五分位数就是第80个百分位数，数列共有9个数。

套用公式 $L_y = (n+1)y/100 = (9+1) \times 80/100 = 8$

所以结果是数列的第8个数，即34。

例3-2　分位数

有这样一组数列：2，5，7，9，12，16，21，34，39，40。计算第4个五分位数。

答案：

第4个五分位数就是第80个百分位数，数列共有10个数。

套用公式 $L_y = (n+1)y/100 = (10+1) \times 80/100 = 8.8$

所以结果是数列的第8.8个数。第8.8个数是什么呢？第8.8个数就是第8个数再往右边0.8个数。第8个数（34）和第9个数（39）相差5，那么0.8个数就是4（$=0.8 \times 5$）。所以，$34+4=38$，即第4个五分位数是38。

离散程度的度量

在知道了一组数据的中心位置之后，我们往往会想知道数据距离中心位置是远还是近，这称为离散程度（dispersion）的度量。在金融分析中，我们常用离散程度来衡量风险，这使得离散程度变得至关重要。

极差

极差（range）是一种衡量离散程度的方法。极差定义为最大值与最小值的差：

$$Range = X_{max} - X_{min}$$

极差可以看作是对分布宽度的测量。极差越小，离散程度越小。

根据定义，极差只用到了一组数据中的两个数据（最大值与最小值），而忽略了数据的分布状况等许多有用的信息。因此，仅仅使用极差来度量离散程度显得很不够，我们还要用别的方法来度量离散程度。

平均绝对差

另一种衡量离散程度的方法是平均绝对差（mean absolute deviation，简称 MAD）。平均绝对差是所有数值与算术平均值之差的绝对值的算术平均：

$$MAD = \frac{\sum_{i=1}^{n} |x_i - \bar{x}|}{n}$$

请注意，平均绝对差中使用绝对值。如果没有加绝对值，那么无论如何计算平均绝对差，都等于0。

平均绝对差用到了所有的数值，而且很符合逻辑。但是，绝对值的计算在计算机中比较复杂。因此，人们往往喜欢把绝对值改成平方，以数值与算术平均值之差的平方来代替其绝对值，这就是我们最常用的衡量中心趋势的方法：方差。

方差

方差（variance）是所有数值到均值的距离的平方的算术平均。

总体方差（population variance）为：$\sigma^2 = \frac{1}{N}\sum_{i=1}^{N}(X_i - \mu)^2$

样本方差（sample variance）为：$s^2 = \frac{1}{n-1}\sum_{i=1}^{n}(x_i - \bar{x})^2$

值得注意的是，样本方差的分母为 $n-1$，而非 n。这是因为，如果分母为 $n-1$，那么样本方差即为总体方差的无偏估计量。我们将在后面详细解释无偏估计量的概念。

方差确实是一个不错的指标，但是它有一个致命的缺陷：它的单位是平方的。例如我们调查一个学校中每个班级的人数，有的班级40多人，有的班级50多人，平均是50人，方差是25人的平方。人数的平方是什么？

为了解决这个问题，我们把方差开根号，称为标准差。

标准差

标准差（standard deviation）为方差开根号。

总体标准差（population standard deviation）为：$\sigma = \sqrt{\frac{1}{N}\sum_{i=1}^{N}(X_i - \mu)^2}$

样本标准差（sample standard deviation）为：$s = \sqrt{\frac{1}{n-1}\sum_{i=1}^{n}(x_i - \bar{x})^2}$

标准差的单位与均值的单位一致，这是标准差的优点。因此在组合管理理论中，马柯维茨就是用标准差来度量风险的。

变异系数

以上所有指标都是衡量绝对离散程度（absolute dispersion）的，下面要讲的变异系数是相对离散程度（relative dispersion）的衡量指标。

变异系数（coefficient of variation，简称 CV）等于标准差除以均值：

$$CV = \frac{s}{\bar{x}}$$

我们来看一个例子，说明为什么变异系数是衡量相对离散程度的指标。比如我要挖 3 条 12 米长的隧道，找了一个工程队 A 来，挖了 3 条隧道，分别是 11 米、12 米和 13 米长。我又要挖 3 条 1002 米长的隧道，我又找了另一个工程队 B 来，挖了 3 条隧道，分别是 1001 米、1002 米和 1003 米长。如果仅从长度上来衡量，那么两个工程队究竟谁做得更好呢？

当然，越符合我的长度要求（12 米和 1002 米）就越好，所以我们必须衡量离散程度。如果我们用绝对离散程度来衡量，那么两个工程队是一样的。比如两个方差都等于 1。那么是不是说明两个工程队做得一样好呢？显而易见，工程队 B 做得更好，因为挖 1002 米长的隧道，相差 1 米是难免的。而工程队 A 挖 12 米就相差 1 米，似乎有点过分了。因此我们用标准差 1 分别除以两个工程队的均值（12 和 1002），得到工程队 A 的变异系数为 0.083，工程队 B 的变异系数为 0.001。显然，工程队 B 做得更好，因为其相对离散程度更小。

因此，*CV* 度量的是相对于均值的离散程度。在金融学中，资产的 *CV* 度量的是相对于平均收益率的风险程度。因此，*CV* 越小越好。

大多数读者可能是第一次听说变异系数这个词，但是很不幸，你将不可避免地在考试中看见变异系数的题目。熟悉以下例题可以使你不至于在考试中将 *CV* 当成“简历”。

【全真模拟】An analyst gathered the following information:

Portfolio	Mean Return	Standard Deviation of Return
1	9.8%	19.9%
2	10.5%	20.3%
3	14.3%	33.9%
4	19.8%	49.3%

Which portfolio had the best risk - adjusted performance based on the coefficient of variation?

A. Portfolio 1

B. Portfolio 2

C. Portfolio 3

D. Portfolio 4

【名师详解】首先计算 4 个组合的 *CV*，分别为 2.03、1.93、2.37 和 2.49。*CV* 最小的最好。

【答案】B

【全真模拟】The most accurate statement about measures of dispersion for a distribution is that the:

A. Range provides no information about the shape of the data distribution

B. Mean absolute deviation will always be greater than the standard deviation

C. Arithmetic average of the deviations around the mean will always sum to one

【名师详解】极差只用到了一组数据中的两个数据（最大值与最小值），而忽略了数据的分布状况信息。因此 A 正确。

平均绝对差并不一定就大于标准差。因此 B 不正确。

样本与中心点的离差的算术平均值为 0。因此 C 不正确。

【答案】A

切比雪夫不等式

俄国伟大的数学家切比雪夫（1821 ~ 1894）断言：对任何一组观测值，个体落于均值周围正负 k 个标准差之内的概率不小于 $1-1/k^2$，对任意 $k>1$。这称作切比雪夫不等式（Chebyshev's Inequality）。用概率表示为：

$P(|X-\mu| \leqslant k\sigma) \geqslant 1-1/k^2$，　对任意 $k>1$

例如，我们有一组数据，不论它是总体还是样本，只要有均值 μ 和标准差 σ，我们就可以断言，至少有 $1-1/k^2$ 的数据落于均值周围正负 k 个标准差之内（即 $\mu \pm k\sigma$），对任意 $k>1$。

比如说，我们随便说了 100 个数，计算它们的算术平均值 $\mu=1000$，标准差 $\sigma=100$。我们就可以断言，这 100 个数中至少有 75% 的数落于 800 到 1200 之间（$k=2$），至少有 88.9% 的数落于 700 到 1300 之间（$k=3$）。

【全真模拟】Using Chebyshev's inequality, what is the minimum proportion of observations from a population of 500 that must lie within 2.5 standard deviations of the mean, regardless of the shape of the distribution?

A. 75%

B. 84%

C. 89%

D. 11%

【名师详解】对任意分布的数据，个体落于均值周围正负 k

个标准差之内的概率最少是 $1-1/k^2$，在此 $k=2.5$，即个体落于均值周围正负2.5个标准差之内的概率大于等于84%。这一题也可以反过来问，个体落于均值周围正负2.5个标准差之外的概率最多是多少？最多是16%。

【答案】B

夏普比率

夏普比率（Sharpe Ratio，Sharpe measure）度量的是单位风险的超额收益（excess return per unit of risk）。夏普比率的公式为：

$$Sharpe\ Ratio=\frac{E(R_p)-R_f}{\sigma_p}$$

$E(R_p)$：资产组合的期望收益率（即平均收益率）

R_f：无风险收益率

σ_p：资产组合收益率的标准差（即资产组合的总风险）

夏普比率的分子是资产组合的平均收益率超过无风险收益率的部分，称为超额收益（也称风险溢价）。资产组合的平均收益率之所以会超过无风险收益率，是因为承担了风险。超额收益除以风险的度量，即为单位风险的超额收益。

夏普比率是由威廉·夏普发明的，它是资本配置线（capital allocation line，简称CAL）的斜率。关于夏普比率的具体论述应参见组合管理理论部分。夏普比率综合衡量了投资的风险和收益，被广泛用于绩效评估。夏普比率越高越好。

但是，夏普比率有两个局限性：

1. 如果资产组合的期望收益率低于无风险收益率，那么夏普比率为负，夏普比率就不是越高越好。因为风险越大的话，夏普比率也会越大（接近于0）。

2. 夏普比率以标准差来衡量风险，以标准差来衡量风险有一个前提条件，就是收益率要是对称分布（正态分布）的。有一些产品（如期权）的收益不是对称分布的，因此不能用标准差来衡量这些产品的风险，也就不能用夏普比率来评估绩效。

夏普比率是 CFA 一级定量方法部分中最重要的考点，所有考生都务必熟练掌握。

【全真模拟】For an investment portfolio, the Sharpe ratio is best described as a (n):

A. Relative measure that indicates risk per unit of mean return

B. Absolute measure that indicates risk per unit of mean return

C. Relative measure that indicates mean excess return per unit of risk

【名师详解】夏普比率度量的是单位风险的超额收益（excess return per unit of risk），它是一种将收益率与风险相结合的绩效评估指标。

【答案】C

【全真模拟】An analyst gathered the following information:

Portfolio	Mean Return	Standard Deviation of Return
1	9.8%	19.9%
2	10.5%	20.3%
3	14.3%	33.9%
4	19.8%	49.3%

If the return of T - bill is five percent, which portfolio had the worst risk - adjusted performance based on the Sharpe ratio?

A. Portfolio 1

B. Portfolio 2

C. Portfolio 3

D. Portfolio 4

【名师详解】美国短期国债（T - bill）的收益率即为无风险

收益率。首先计算4个组合的夏普比率，分别为0.24、0.27、0.27和0.30。请注意题目问哪个组合最差（worst），夏普比率最小的最差。

【答案】A

【全真模拟】An analyst gathered the following information:

If mean return of IBM stock is 6%, coefficient of variation is 2, and the risk - free rate of return is 5.0 percent, which one is most likely the Sharpe ratio of the IBM stock?

A. 8.33%

B. 16.67%

C. 50%

【名师详解】该题将 *CV* 和 *Sharpe ratio* 结合起来考。由于 *CV* = 标准差/均值 = 2，因此首先计算标准差为12%，然后计算 *Sharpe ratio* = (6 - 5)% /12% = 0.0833。

【答案】A

偏　　度

偏度（skewness）衡量一组数据左右偏离的程度。一个左右对称的分布（symmetrical distribution）偏度为0；如果一个分布不对称（nonsymmetrical distribution），那么其偏度会大于0或小于0。大于0称为正偏或右偏（positively skewed, right skewed），小于0称为负偏或左偏（negatively skewed, left skewed）。

图3-3显示的是一个左右对称的分布，其均值、中位数、众数均一致。

图3-4显示的是一个正偏（右偏）的分布。所谓正偏，简单地说，就是对称分布左边有观测值跑到右边去了。既然有观测

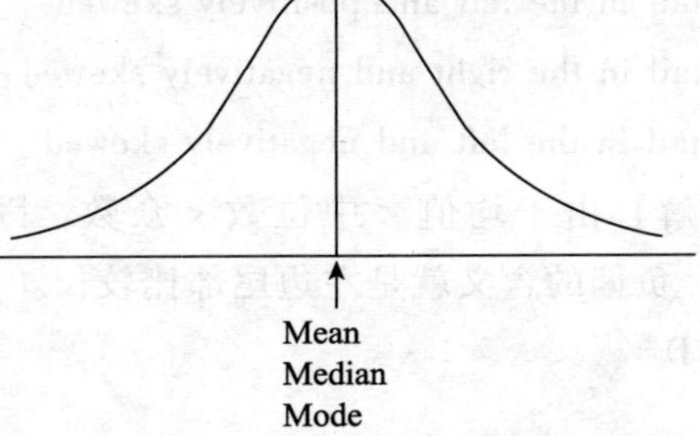

图 3－3　对称的分布

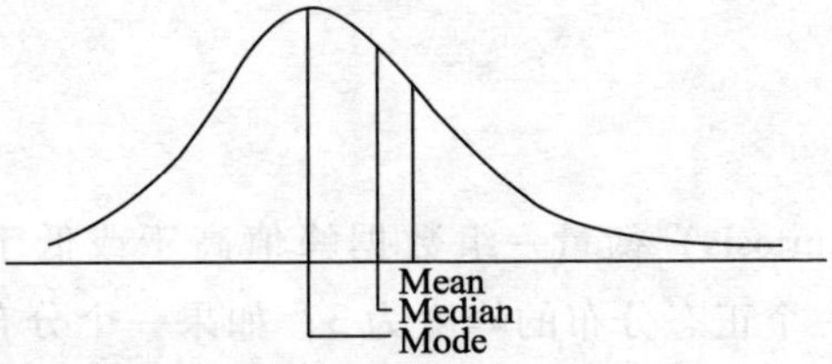

图 3－4　右偏的分布

值变大，那么其均值和中位数也应该变大。而中位数受异常值影响较小，比均值稳定，即它虽然也变大，但没有均值那么大。因此有：均值 > 中位数 > 众数。

图 3－5 显示的是一个负偏（左偏）的分布，其均值 < 中位数 < 众数。

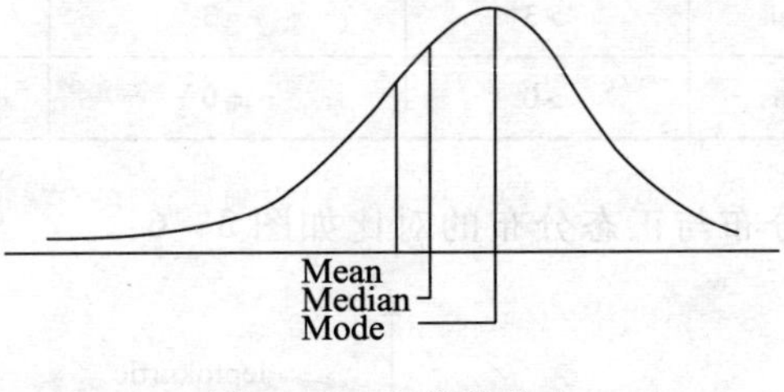

图 3－5　左偏的分布

【全真模拟】A distribution with mode 2.6, median 2.2 and mean 2, the distribution can be described as:

A. long tail in the right and positively skewed

B. long tail in the left and positively skewed

C. long tail in the right and negatively skewed

D. long tail in the left and negatively skewed

【名师详解】由于均值 < 中位数 < 众数，因此是负偏（左偏）的分布，负偏的含义就是左边尾部比较长。

【答案】D

峰　　度

峰度（kurtosis）衡量一组数据峰值高于或低于正态分布的程度。任何一个正态分布的峰度为3；如果一个分布的峰度大于3称为高峰态（leptokurtic），小于3称为低峰态（platykurtic）。

我们常把峰度的数值减去3，称为超额峰度（excess kurtosis）。同样，任何一个正态分布的超额峰度为0；如果一个分布的超额峰度大于0称为高峰态，小于0称为低峰态（见表3-2）。

表 3-2

	leptokurtic	Normal distribution	platykurtic
Sample kurtosis	>3	=3	<3
Excess kurtosis	>0	=0	<0

高峰态分布与正态分布的对比如图3-6：

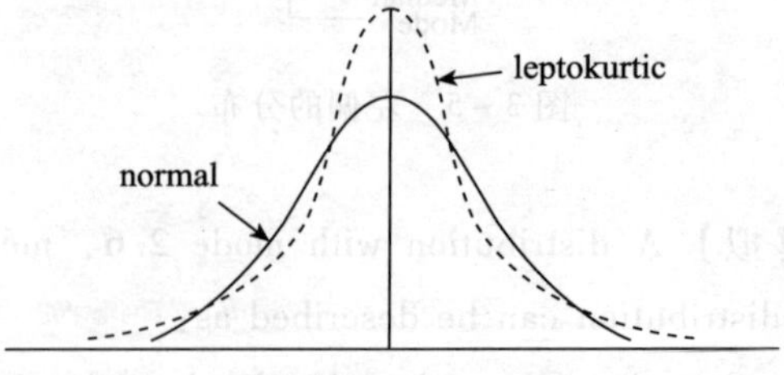

图3-6　高峰态分布与正态分布

【全真模拟】Which of the following statements about kurtosis is TRUE?

A. Most investors perceive a leptokurtic distribution as riskier than a platykurtic distribution

B. Kurtosis is critical to risk management because most risk managers put more emphasis on the standard deviation of a distribution than the distribution of returns in the tail

C. A distribution that is less peaked (flatter) than normal is leptokurtic

【名师详解】如果证券的收益率分布是高峰态的，那么其尾部就会高于正态分布，也就意味着收益率很大或很小的概率较大，也就是风险较大。因此 A 正确。

如果风险管理者更关注标准差，而不关注尾部的概率分布，那么峰度在风险管理中就不重要。因此 B 的描述前后矛盾。

如果峰值比正态分布小，为低峰态。因此 C 不正确。

【答案】A

【全真模拟】An analyst gathered the following information about the return distributions for three portfolios during the same time period. For a rational investor, the best choice he picks up is:

Portfolio	Skewness	Kurtosis
A.	-1.3	2.2
B.	0.5	3.5
C.	0.8	2.0

【名师详解】一般来说，我们比较喜欢收益率分布为正偏，也就是收益率大的概率比较大。因此偏度越大越好。而峰度越小越好，因为峰度小意味着收益率发生大波动的概率较小，也就是风险较小。

【答案】C

本章重要考点

考点一： 区别4种度量尺度。

考点二： 区别不同的均值。

考点三： 计算分位数。

考点四： 用变异系数、夏普比率比较投资组合的绩效。

考点五： 用切比雪夫不等式计算观测值分布的下限。

考点六： 比较不同偏度分布的均值、中位数、众数。

第四章　概率论基础

基本概念

随机变量（random variable）的取值是变化的，或者说不确定的。例如，我们掷一枚骰子，得到的结果就是一个随机变量。在掷骰子之前，我们不知道结果如何。但我们知道其可能的取值为{1，2，3，4，5，6}。结果（outcome）就是随机试验的结果，也就是随机变量的取值。

事件（event）就是随机试验及其结果一起描述。例如掷骰子是随机试验，掷出“6”是结果，那么一起描述就是“掷一枚骰子掷出一个6”，这就是一个事件。我们后面要计算概率，就是要计算事件发生的概率。

有两类特殊的事件，称为互斥事件（mutually exclusive events）和遍历事件（Exhaustive events）。

如果事件 A 和事件 B 不会同时发生，称事件 A 和事件 B 是互斥事件。

如果 n 个事件 E_1，E_2，…，E_n已经覆盖了所有可能的结果情况，则称它们是遍历事件。

概率基本性质

概率（probability）表示事件发生的可能性。我们用 $P(E)$ 来表示事件 E 发生的概率。概率有两个重要的性质：

性质1：任何事件发生的概率在0到1之间：

$0 \leqslant P(E) \leqslant 1$

性质2：互斥的遍历事件发生的概率之和为1：

$P(E_1) + P(E_2) + \cdots + P(E_n) = 1$，　　$E_1, E_2, \cdots, E_n$是互斥的遍历事件

再没有什么比这两条更好理解的了。

三种概率

经验概率（empirical probability）是根据过去的数据预测未来的概率。例如：经过对上证50指数的历史收益率数据分析，发现上证50指数在过去1000个交易日内有600天是上涨的，因此预测上证50指数明天上涨的概率为60%。

先验概率（priori probability）是事先已经确定的过去的概率。例如：昨天上证50指数的50个成份股有20个是上涨的，30个是下跌的，因此如果从这50个股票中随机抽取一个股票，这个股票昨天上涨的概率为40%。

主观概率（subjective probability）是基于个人主观判断的概率。例如：我个人认为上证50指数明天上涨的概率为70%。

【全真模拟】If an analyst estimates the probability of an event for which there is no historical record, this probability is best described as:

A. priori

B. objective

C. empirical

D. subjective

【名师详解】经验概率和先验概率都需要历史数据，经验概率用历史数据来预测未来，先验概率用历史数据来说明历史。只有主观概率可以不需要历史数据，全凭个人的主观判断。

【答案】D

【全真模拟】An analyst adjusts the historical probability of default for high - yield bonds to reflect her perceptions of changes in the quality of high - yield bonds. The analyst is best characterized as obtaining a（n）:

A. Priori probability

B. Objective probability

C. Subjective probability

【名师详解】在历史数据的基础上加上个人的主观判断，为主观概率。

【答案】C

赔　　率

赔率（odds）是一种概率表示方法。赔率分为两种：

1. odds for an event 是指事件发生的概率除以不发生的概率，即$\frac{P(A)}{1-P(A)}$。例如，掷骰子掷到“6”的概率为$\frac{1}{6}$，那么 odds for this event 即为$\frac{\frac{1}{6}}{1-\frac{1}{6}}=\frac{1}{5}$。

2. odds against an event 是指事件不发生的概率除以发生的概率，即$\frac{1-P(A)}{P(A)}$。例如，掷骰子掷到“6”的概率为1/6，那么 odds against this event 即为$\frac{1-\frac{1}{6}}{\frac{1}{6}}=5$。

【全真模拟】An analyst determines the odds for the event that the S&P 500 index will go up is 5/6. Then the probability of the event is closest to：

A. 1/5

B. 5/11

C. 6/11

【名师详解】odds for an event 是指事件发生的概率除以不发生的概率，即$\frac{P(A)}{1-P(A)}=\frac{5}{6}$。解得 $P(A)=5/11$。

【答案】B

乘法法则和加法法则

联合概率

联合概率（joint probability）指的是两个事件同时发生的概率。联合概率记作 P（AB），表示事件 A 和事件 B 同时发生的概率。

我能可以用文氏图（Venn Diagram）来表示事件的概率，如图4－1：

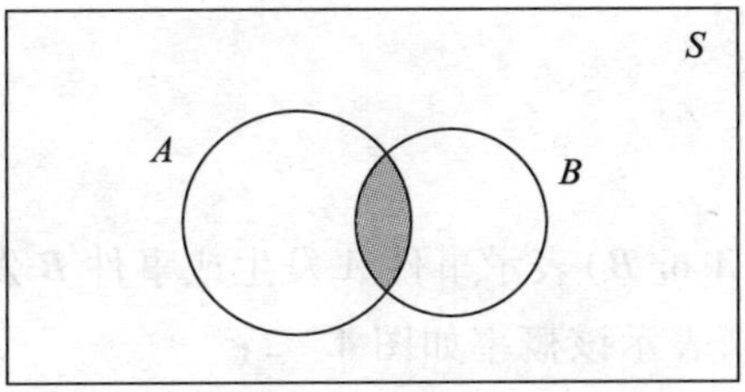

图 4－1　联合概率

以 S 表示样本空间，以 S 内的圆 A 表示事件 A 发生，以圆 B 表示事件 B 发生，则事件 A 和 B 的联合概率即为圆 A 与圆 B 的交集，如图 4－1 中黑色部分所示。

条件概率

条件概率（conditional probability）指的是在一个事件已经发生的条件下，另一个事件发生的概率。条件概率记作 $P(A|B)$，表示在事件 B 发生的条件下，事件 A 发生的概率。既然 B 事件发生已经是先决条件，那么条件概率 $P(A|B)$ 根据图 4－1 就是 $A\cap B$ 面积占圆形 B 的面积的百分比。因此，条件概率的定义为：

$$P(A|B)=\frac{P(AB)}{P(B)}$$

其中，$P(B)\neq 0$。

乘法法则

乘法法则（multiplication rule）即为条件概率定义式的变形，说明了条件概率和联合概率的关系。乘法法则表示为：$P(AB)=P(A|B)\times P(B)$。

如果 A 和 B 是互斥事件，那么有：$P(AB)=P(A|B)=P(B|A)=0$。

加法法则

我们以 $P(A \text{ or } B)$ 表示事件 A 发生或事件 B 发生的概率，用 Venn Diagram 来表示该概率如图 4－2：

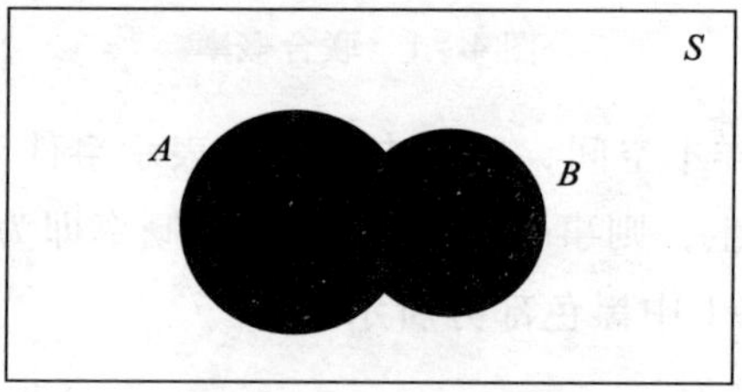

图 4－2　A 发生或者 B 发生的概率

事件 A 发生或事件 B 发生的概率即为圆 A 与圆 B 的并集，如图 4－2 中黑色部分所示。

加法法则（addition rule）用以计算事件 A 发生或事件 B 发生的概率。加法法则表示为：$P(A \text{ or } B) = P(A) + P(B) - P(AB)$。

如果 A 和 B 是互斥事件，那么有：$P(A \text{ or } B) = P(A) + P(B)$。

独立事件的乘法法则和加法法则

如果事件 A 的发生对事件 B 的发生没有影响，那么称事件 A 和事件 B 是独立事件（independent events）。

独立事件的定义用概率表示为：$P(A \mid B) = P(A)$ 或者 $P(B \mid A) = P(B)$。

独立事件的乘法法则：$P(AB) = P(A) \times P(B)$。

独立事件的加法法则：$P(A \text{ or } B) = P(A) + P(B) - P(A) \times P(B)$。

例如，我们掷一枚均匀的骰子，连续掷出两个 1 的概率是多少？我们知道，“连续掷出两个1”这一事件等于“第一次掷出1”和“第二次掷出1”这两个事件同时发生。这两个事件发生的概率都为1/6，且这两个事件是独立的，因为第一次是否掷出1并不影响第二次掷出1的概率。因此，“连续掷出两个1”这一事件的概率为$1/6 \times 1/6 = 1/36$。

【全真模拟】An investor buys 2 companies, A and B. The probability of Company A bankruptcy is 0.2 and the probability of Company B bankruptcy is 0.3. If the occurrence of Company A bankruptcy has no influence of on the occurrence of Company B bankruptcy, what is the probability of at least one of the two companies will bankrupt?

A. 0.06

B. 0.28

C. 0.44

D. 0.50

【名师详解】两公司倒闭的概率为0.2和0.3，且互相独立。那么，“两公司至少有一个倒闭”就是“A倒闭或者B倒闭”，其概率即为独立事件的加法法则：$P(A \text{ or } B) = P(A) + P(B) - P(A) \times P(B) = 0.2 + 0.3 - 0.2 \times 0.3 = 0.44$。

【答案】C

全概率法则

如果样本空间S划分为S_1，S_2，…，S_n，那么事件A的概率为：

$$P(A) = P(A \mid S_1) \times P(S_1) + P(A \mid S_2) \times P(S_2) + \cdots + P(A \mid S_n) \times P(S_n)$$

以上即为全概率法则（total probability rule）。全概率法则看似复杂，其实就是分情况讨论。我们通过一道例题可以很容易理解。

例 4－1 有两个口袋，装有红球和黄球。A 口袋装有 4 个红球，6 个黄球。B 口袋装有 2 个红球，7 个黄球。现从 A 口袋中随机抽取 1 个球放入 B 口袋，再从 B 口袋中随机抽取 1 个球，问这个球是红球的概率是多少？

A. 0.12

B. 0.24

C. 0.30

D. 0.72

答案：B

从 A 口袋中随机抽取的 1 个球可能是红球，也可能是黄球，因此我们要分两种情况讨论。

1. 若从 A 口袋中抽的是红球，那么从 B 口袋中抽的球是红球的概率为 0.3。从 A 口袋中抽的是红球的概率为 0.4。

2. 若从 A 口袋中抽的是黄球，那么从 B 口袋中抽的球是红球的概率为 0.2。从 A 口袋中抽的是黄球的概率为 0.6。

根据全概率公式：$0.3\times0.4+0.2\times0.6=0.24$。

随机变量的期望值和方差

离散随机变量的期望值（expected value）等于随机变量的每一个可能的取值分别乘以各自的发生概率，然后相加。如果随机变量 X 有以下可能的取值 x_1，x_2，…，x_n，那么随机变量 X 的期望值为：

$$E(X)=x_1P(X=x_1)+x_2P(X=x_2)+\cdots+x_nP(X=x_n)$$

随机变量的期望值类似加权平均，其权重 $P(X=x_n)$ 为每一个可能的取值 x_n 发生的概率，且权重之和为 1。

随机变量 X 的方差（variance）表示为 $Var(X)$，其定义为：

$$Var(X)=E[(X-E(X))^2]=E(X^2)-[E(X)]^2$$

两个随机变量的协方差和相关系数

我们有时候需要考虑两个随机变量之间的关系，那么我们就需要使用协方差和相关系数。

协方差

协方差（covariance）度量的是两个随机变量变动的同向性。我们以 $Cov(X,Y)$ 来表示随机变量 X 和 Y 的协方差，其定义为：

$$Cov(X,Y)=E[(X-E(X))(Y-E(Y))]=E(XY)-E(X)E(Y)$$

随机变量的协方差有以下性质：

性质1：随机变量自己与自己的协方差就是自己的方差。

$$Cov(X,X)=Var(X)$$

性质2：两个独立的随机变量的协方差为0。

$$Cov(X,Y)=0$$

性质3：协方差的取值范围为（$-\infty$，$+\infty$）。

协方差的取值范围为负无穷到正无穷，这是协方差的缺点，因为难以判断协方差的大小。因此，我们将协方差标准化，得到相关系数。

相关系数

相关系数（correlation coefficient）度量的是两个随机变量的线性相关性。我们常以 $\rho_{X,Y}$ 或者 $r_{X,Y}$ 来表示随机变量 X 和 Y 的相关系数，其定义为两个随机变量的协方差除以两个随机变量的标准差之积：

$$\rho_{X,Y}=\frac{Cov(X,Y)}{\sigma_X\sigma_Y}$$

相关系数是没有单位的，相关系数的取值范围为［-1，+1］，这样就改进了协方差的缺点，相关系数可以判断大小了。相关系数的解释如表4-1：

表4-1

相关系数取值	解释
$\rho=1$	完全线性正相关
$0<\rho<1$	线性正相关
$\rho=0$	线性不相关
$-1<\rho<0$	线性负相关
$\rho=-1$	完全线性负相关

值得注意的是，相关系数度量的是线性相关性。两个随机变量的相关系数为0，表示两个随机变量没有线性关系，并不表示两个随机变量没有关系（独立）。它们可能有非线性关系。以 $Y=\sin X$ 为例，随机变量 X 和 Y 没有线性关系，相关系数为0，但两个随机变量有非线性关系。

理解相关系数的含义对二级定量方法学习线性回归至关重要，与一级定量方法关系不大。

【全真模拟】The covariance of returns for two stocks:

A. must have a value between -1.0 and +1.0

B. must have a value equal to the weighted average of the standard deviations of the returns of the two stocks

C. will be positive if the actual returns on both stocks are consistently below their expected returns at the same time

D. will be negative if the actual returns on both stocks are consistently below their expected returns at the same time

【名师详解】协方差的取值范围为负无穷到正无穷，度量的是两个随机变量变动的同向性。如果两个随机变量变动方向往往相同，则它们的协方差为正。

【答案】C

【全真模拟】Which of the following statements best describes the relationship between correlation and covariance? The correlation between two random variables is their covariance standardized by the product of the variables':

A. variances

B. standard deviations

C. coefficients of variation

【名师详解】相关系数等于两个随机变量的协方差除以两个随机变量的标准差之积，这称为标准化。

【答案】B

贝叶斯公式

在统计学中，贝叶斯统计占有重要的地位。对许多读者来说，贝叶斯公式（Bayes' formula）显得太难。本书希望通过一种全新的方式来阐释贝叶斯公式，让贝叶斯公式显得简单一些。

贝叶斯公式是基于条件概率定义：$P(AB)=P(A\mid B)\times P(B)=P(B\mid A)\times P(A)$，变形得到：

$$P(A\mid B)=\frac{P(B\mid A)\times P(A)}{P(B)}$$

其中，分母 $P(B)$ 常用全概率公式展开：

$$P(B)=P(B\mid A_1)\times P(A_1)+P(B\mid A_2)\times P(A_2)+\cdots+P(B\mid A_n)\times P(A_n)$$

贝叶斯公式的作用是根据新信息来更新我们先前对事件概率

的判断（先验概率）。如果事件 A 是我们要判断概率的事件，事件 B 是新信息，那么贝叶斯公式可以表示为：

$$后验概率 = \frac{新信息发生的条件概率 \times 先验概率}{新信息发生的无条件概率}$$

以上是贝叶斯公式的传统解释，我们在这里要用一种全新的方法来解释贝叶斯公式。我们要指出，贝叶斯公式的含义是天地阴阳的关系。早在两千年以前，道家理论就已经解释了贝叶斯公式公式。知道道家的标志是怎么样的吗？如图 4－3。

图 4－3　道家阴阳图

我们将用这个太极图来解答贝叶斯公式的题目。是否有点不可思议？我们先要对太极图做一些小小的调整（如图 4－4）：

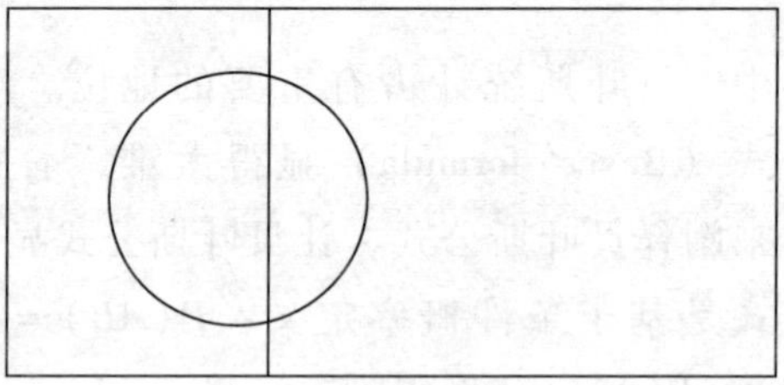

图 4－4　“天地万物分阴阳”图

我们这个图与太极图其实是一样的。太极图的大圆就是我们的大长方形，太极图的两个小圆就是我们图里面的两个半圆，太极图中间弯曲的曲线就是我们图中间的直线。

我们现在来解释一下这个图的意思。大长方形代表“天”，里面的圆代表“地”，中间的直线表示“分阴阳”。我们可以把左半边叫做“阴”，右半边叫做“阳”。我把这个图命名为“天地万物分阴阳”。

通过掌握这种新方法，它能让你在1分钟之内解决贝叶斯公式的题目。首先，你要记得这张“天地万物分阴阳”图。先把先验概率标在阴阳两侧，再把新信息概率标在图内。然后，图内的4个概率分别乘以各自的先验概率，求得全部4部分的面积。最后，你就很容易得到答案了。

我们下面将用传统方法和全新方法来解答以下例题，使读者能有感性认识。

例4-2 现在新发现了一种隐性疾病，在所有人群中，30%的人患有这种疾病，70%的人没有这种疾病。由于是新发现的疾病，诊断比较复杂，耗时很长。现在有人发明了一种快速诊断仪，其优点是可以在很短的时间内作出诊断，但其缺点是：诊断不是100%正确的。如果被测者真的患病的话，那么诊断仪说患病的概率为0.8，说没病（误诊）的概率为0.2。如果被测者真的没病的话，那么诊断仪说患病（误诊）的概率为0.1，说没病的概率为0.9。

	机器说患病	机器说没病
如果人真患病	0.8	0.2
如果人真没病	0.1	0.9

现有一人被快速诊断仪诊断为患病，问其真患病的概率是多少？

A. 0.300

B. 0.487

C. 0.774

D. 0.920

答案：C

解法1. 传统方法

我们定义事件A为“人真的患病”，事件B为“机器说患

病”，那么 $P(A|B)$ 就是我们所要求的概率（机器说患病的情况下，人真患病的概率）。

根据题意，$P(A)=0.3$，$P(B|A)=0.8$。分子上这两个概率都是已知的，问题是分母 $P(B)$ 怎么求？

如前所述，$P(B)$ 要用全概率公式展开。$P(B)$ 表示机器说有病的概率，要分两种情况讨论：第一，人真的患病；第二，人真的没病。因此：

$$P(B)=P(B|A)\times P(A)+P(B|A')\times P(A')=0.8\times 0.3+0.1\times 0.7=0.31$$

我们终于得到答案：$P(A|B)=0.3\times 0.8/0.31=24/31=77.4\%$

解法 2. 全新方法

终于轮到我们的“天地万物分阴阳”图登场了。首先要说明的是，“天”的概率为 1，也就是大长方形的面积为 1。“天”代表“全部”，而“1”在中国古代也代表“全部”的意思。在本题中，“天”代表所有的人。

然后，我们要把先验概率写在左右“阴”“阳”两处。如果我们用“阴”代表“人真的患病”，“阳”代表“人真的没病”，那么左半边的面积为 0.3，右半边的面积为 0.7。如下图所示：

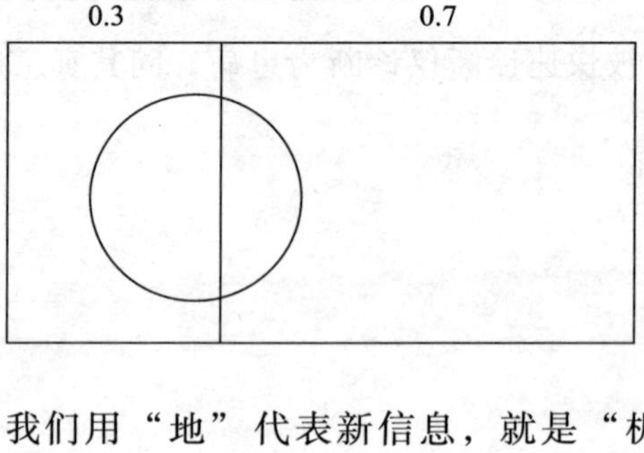

接下来，我们用“地”代表新信息，就是“机器说患病”。也就是说，在圆中表示“诊断仪说患病”，在圆外表示“诊断仪说没病”。那么，我们可以将剩下的 4 个概率在图中表示为：

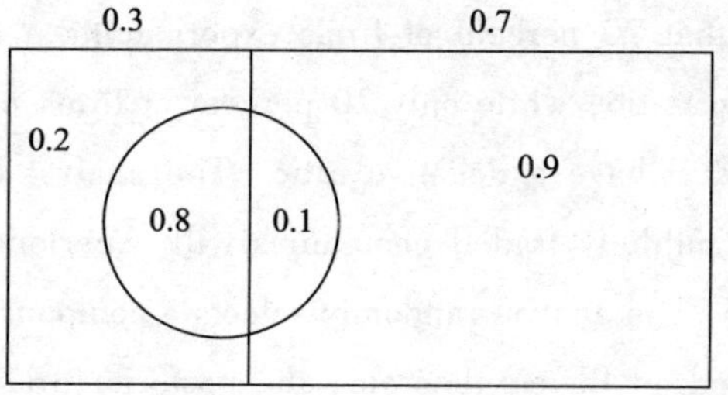

如果被测者真的患病的话，那么诊断仪说有病的概率为0.8，即左面的圆内的概率（面积）是0.8。如果被测者真的患病的话，那么诊断仪说没病的概率为0.2，即左面的圆外的概率（面积）是0.2。右边同理。

但是，我们知道，圆的左边的概率（面积）并不是0.8，因为整个左面的面积只有0.3，左半边圆的面积只不过是整个左面面积的80%而已。所以，左半边圆的面积为0.8×0.3=0.24。其他依此类推，如图所示：

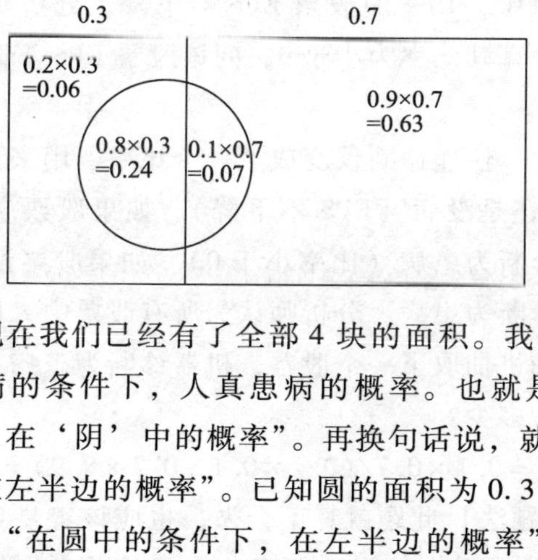

好了，现在我们已经有了全部4块的面积。我们要求的是：在机器说患病的条件下，人真患病的概率。也就是“在‘地’中的条件下，在‘阴’中的概率”。再换句话说，就是“在圆中的条件下，在左半边的概率”。已知圆的面积为0.31（=0.24+0.07），那么“在圆中的条件下，在左半边的概率”即为0.24/0.31=77.4%。

【全真模拟】An analyst has developed a ratio to identify companies expected to experience declining earnings per share (EPS). Research shows that 70 percent of firms experiencing a decline in EPS have a negative ratio, while only 20 percent of firms not experiencing a decline in EPS have a negative ratio. The analyst expects that 10 percent of all publicly traded companies will experience a decline in EPS next year. The analyst randomly selects a company and its ratio is negative. Based on Bayes' theorem, the posterior probability that the company will experience a decline in EPS next year is closest to:

A. 10%

B. 28%

C. 100%

【名师详解】分析师发明了一个比率来预测股票的每股净收益（EPS）增长还是下降。如果 EPS 下降，有 70% 的可能该比率小于 0（30% 的可能该比率大于 0）。如果 EPS 不下降，有 20% 的可能该比率小于 0（80% 的可能该比率大于 0）。分析师认为所有股票中，10% 的股票 EPS 会下降。分析师随机抽取了一个股票，计算其比率为小于 0，问该股票 EPS 下降的概率为多少?

在此题中，快速诊断仪变成了一个比率，用来预测股票患病（EPS 下降）还是没病（EPS 不下降）。如果股票患病，有 70% 的可能机器诊断为患病（比率小于 0）。如果股票没病，有 20% 的可能机器诊断为患病。分析师认为所有股票中，10% 的股票患病。分析师随机抽取了一个股票，机器诊断为患病，问该股票真患病的概率为多少?

$P(A \mid B)=0.1\times0.7/(0.7\times0.1+0.2\times0.9)=28\%$

【超级猜题法】此题就算不会做，也应该容易猜得答案。选项 A 的 10% 是题目中的先验概率，也就是并未作任何计算，不可能是答案。选项 C 的 100% 是绝对不可能的，贝叶斯公式的题目，答案绝不会是 100%。甚至可以说，CFA 的概率题目中，都极少会有等于 100% 的题目。

【答案】B

计数问题

我们在高中学过排列组合，这都属于计数问题（counting problems）。本书将系统地讲述计数问题，首先我们从计数问题的乘法法则讲起。

乘法法则

计数问题的乘法法则是指：把 n 个物品放到 n 个位置上，有 $n! = n \times (n-1) \times \cdots \times 1$ 种放法。因为对于第一个位置，我们有 n 个物品可以选；对于第二个位置，由于已经放了一个物品，我们只剩 $n-1$ 个物品可以选；依此类推，到最后一个位置，只剩一个物品可以选。$n!$ 表示 n 的阶乘（factorial）。

标号问题

标号问题（labeling）是指：我们有 n 个物品需要标上标签，标签共有 k 种，第一种有 n_1 个，第二种有 n_2 个，依此类推，且总标签数为 n 个（$n_1 + n_2 + n_3 + \cdots + n_k = n$）。那么，我们总共有多少种贴标签的方法呢？

根据计数问题的乘法法则，n 个物品标上 n 个标签，共有 $n!$ 种标法。但是请注意，同种标签是相同的，同种标签互相调换视为同一种贴法。那么对于第一种标签来说，共有 $n_1!$ 种标法是相同的。对于所有的标签来说，共有 $n_1! \times n_2! \times \cdots \times n_k!$ 种标法是相同的。于是我们得到计数问题的答案：

$$\frac{n!}{n_1! \times n_2! \times \cdots \times n_k!}$$

组合

如果只有两种标签（$k=2$），这称为组合（combination）问题。若第一种标签有 r 个（$n_1=r$），第二种标签有 $n_2=n-r$ 个。由上面的计数问题公式可以得到组合公式：

$$_nC_r=\binom{n}{r}=\frac{n!}{(n-r)!\times r!}$$

可能有读者发现这和在高中时教的方法不一样。高中我们学习的组合就是从 n 个物品中挑出 r 个，有几种挑法。我说这是一样的，我们可以把第一种标签定义为“要”，第二种标签定义为“不要”，那么“从 n 个物品中挑出 r 个”就变成“给 n 个物品贴上‘要’和‘不要’的标签”。

排列

如果挑出的这 r 个物品要考虑顺序，也就是先挑和后挑有区别，那么这就是排列（permutation）问题。由于考虑顺序，所以公式为：

$$_nP_r=\frac{n!}{(n-r)!}$$

本章重要考点

考点一：区别三种概率。

考点二：计算独立事件的乘法法则和加法法则。

考点三：计算两个随机变量的协方差和相关系数。

考点四：了解组合的公式。

第五章 常见概率分布

基本概念

随机变量的取值是变化的，或者说不确定的。例如，我们掷一枚骰子，得到的结果就是一个随机变量。在掷骰子之前，我们不知道结果如何。但我们知道其可能的取值为 {1，2，3，4，5，6}。像这样取值范围是离散数值的随机变量称为离散随机变量（discrete random variable）。

又如，明天中午12点时你家的温度也是一个随机变量。在明天中午12点之前，你不知道你家的温度会是多少。我们也无法举出所有可能的取值，因为其取值是连续的。像这样取值范围是连续的随机变量称为连续随机变量（continuous random variable）。

离散分布

概率函数

对于离散随机变量，我们可以用概率函数（probability function）来表示其概率分布。假设 X 是离散随机变量，其有以下可能的取值 x_1，x_2，…，x_n，并假设取到每个值的概率为：

$p(x_i)=P(X=x_i)$，其中 $i=1,2,\cdots,n$

我们就称 $p(x)$ 为随机变量 X 的概率函数。当 $x=x_i$ 时，就有 $p(x)=P(X=x_i)$；对于其他的 x，有 $p(x)=0$。

离散随机变量的概率函数有以下性质：

1. $0\leqslant p(x)\leqslant 1$。

2. 取遍 X 所有值的 $p(x)$ 之和为1，即 $\sum_{i=1}^{n} p(x_i)=1$。

下面，我们要介绍两个离散的分布：离散均匀分布和二项分布。

离散均匀分布

离散均匀分布（discrete uniform distribution）取到每一个可能的值的概率相等。前面举的掷骰子的例子就是一种离散均匀分布，如果骰子均匀的话，其取到每一个可能的值的概率均为1/6。用概率函数表示为：

$$p(x)=\begin{cases}1/6, & x=1,2,3,4,5,6\\ 0, & \text{otherwise}\end{cases}$$

二项分布

要讲二项分布（binomial distribution），我们先要从贝努里分布（Bernulli distribution）讲起。

如果一个离散的随机变量 Y 只有两个可能的取值：0 和 1，那么称这个随机变量 Y 为贝努里随机变量。假设取到 1 的概率为 p，取到 0 的概率为 $1-p$，即有：

$$P(Y=1)=p, \qquad P(Y=0)=1-p$$

例如，我们掷一枚硬币，只有两个可能的取值：正面和反面。我们把正面记作 1，反面记作 0，那么，这就构造了一个贝努里随机变量。我们就把“掷一次硬币”称为“做一次贝努里试验”，得到的结果有离散的取值“0”或“1”。

同样，我们掷一枚骰子，也可以只有两种可能的取值：奇数和偶数。我们把奇数记作 1，把偶数记作 0，这也构造了一个贝努里随机变量。

那么，我们做 n 次贝努里试验，正好得到 x 次“1”的概率为多少？二项分布就是表示 n 次贝努里试验中正好有 x 次“1”的概率，其概率函数为：

$$p(x)=P(X=x)=\binom{n}{x}p^{x}(1-p)^{n-x}$$

其中，X 是服从二项分布的随机变量，p 为每次贝努里试验取到 1 的概率，$\binom{n}{x}$为组合数：${}_{n}C_{x}=\binom{n}{x}=\frac{n!}{(n-x)!\times x!}$。

贝努里随机变量和二项随机变量的期望值和方差如表 5－1：

表 5－1

	期望值	方差
贝努里随机变量	p	$p(1-p)$
二项随机变量	np	$np(1-p)$

【全真模拟】An investor buys the IBM stock. If the probability of the stock price to increase in any trading day is 0.65 and the probability of the stock price to decrease is 0.35, what is the probability of the IBM stock price to increase in at least 3 days within 5 trading days?

A. 0.1160

B. 0.3364

C. 0.6488

D. 0.7648

【名师详解】正好有3天上涨的概率为 $p(3)=\binom{5}{3}0.65^3\times 0.35^2=0.3364$

同样的，正好有4天上涨的概率为 $p(4)=0.3124$，正好有5天上涨的概率为 $p(5)=0.1160$。

因此，至少有3天上涨的概率为 $p(3)+p(4)+p(5)=0.7648$。

【答案】D

连续分布

概率密度函数和累积分布函数

对于连续随机变量，我们不能举出其所有可能的取值，因此，我们不能像离散随机变量那样，用概率函数来表示连续随机变量的概率分布。值得注意的是，对于连续随机变量，取到任一个离散值的概率为0，因此，我们只能说连续随机变量取到某一范围内的值的概率为多少。我们常用概率密度函数（probability density function，简称pdf）来描述连续随机变量的分布情况。密度函数常用 $f(x)$ 来表示，连续随机变量 X 取值落在常数 a 与 b 之间的概率为：

$$\int_a^b f(x)\,dx = P(a < X < b)$$

由上述定义可知，连续随机变量 X 取值落在常数 a 与 b 之间的概率为密度函数 $f(x)$ 从 a 到 b 的积分，即密度函数 $f(x)$ 从 a 到 b 的部分与 X 轴所夹的面积。

连续随机变量的概率密度函数有以下性质：

1. 概率密度函数在 X 轴上方或在 X 轴上，即 $f(x) \geqslant 0$。

2. $\int_{-\infty}^{+\infty} f(x)\,dx = 1$。

我们定义累积分布函数 $F(x)$ 为概率密度函数从 $-\infty$ 到 x 的积分，即为随机变量取值小于某个数值 x 的概率：

$$F(x) = \int_{-\infty}^{x} f(u)\,du$$

如果已知连续随机变量 X 的累积分布函数，我们就很容易求得 X 取值落在常数 a 与 b 之间的概率为：$P(a < X < b) = F(b) - F(a)$。

连续随机变量的累积分布函数有以下性质：

1. 累积分布函数在 X 轴上方或在 X 轴上，即 $F(x) \geqslant 0$。

2. $F(+\infty) = 1$。

下面，我们要介绍 3 个连续的分布：连续均匀分布、正态分布和对数正态分布。

连续均匀分布

连续均匀分布（continuous uniform distribution）在取值范围［a，b］内，概率密度函数与 X 轴平行；在取值范围［a，b］外，概率密度函数与 X 轴重合。连续均匀分布的概率密度函数表示为：

$$f(x) = \begin{cases} \dfrac{1}{b-a}, & a \leqslant x \leqslant b \\ 0, & otherwise \end{cases}$$

其累积分布函数表示为：

$$F(x)=\begin{cases}0, & x\leqslant a\\ \dfrac{x-a}{b-a}, & a<x<b\\ 1, & x\geqslant b\end{cases}$$

对任意满足 $a\leqslant x_1<x_2\leqslant b$ 的常数 x_1 和 x_2，服从连续均匀分布的随机变量 X 取值落在 $[x_1, x_2]$ 之内的概率为：

$$P(x_1\leqslant X\leqslant x_2)=\int_{x_1}^{x_2}f(x)dx=(x_2-x_1)/(b-a)$$

正态分布

1. 正态分布的性质。正态分布（normal distribution）是最重要的概率分布。正态分布由德国数学家高斯发现，因此又称为高斯分布。正态分布的密度函数图形如钟形，因此又称为钟形分布。正态分布的密度函数图形如图 5－1：

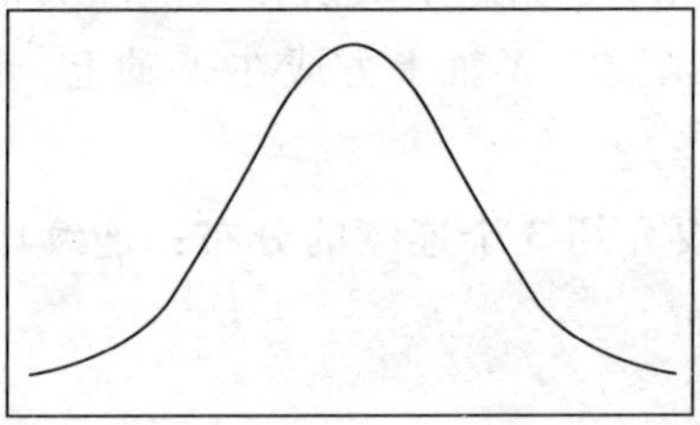

图 5－1　正态分布的密度函数

从图形上可知，正态分布是对称的分布，其均值、中位数、众数均相等。正态分布的取值范围为（－∞，＋∞），即正态分布的密度函数向左右两边无限延伸，无限接近 X 轴但在 X 轴上方。

正态分布有以下重要性质：

（1）正态分布可以由其均值和方差完全描述，记为：$X\sim N(\mu, \sigma^2)$，表示随机变量 X 服从均值为 μ，方差为 σ^2 的正态分布。

（2）正态分布是对称的分布，其密度函数关于均值左右对称，随机变量落在均值两边的概率相等。其偏度为0，超额峰度为0。

（3）两个服从正态分布的随机变量经过线性组合得到的新随机变量仍然服从正态分布。

2. 正态分布的置信区间。有了正态分布的概率密度函数，我们可以知道正态随机变量取值落在某个区间的概率，这称为正态分布的置信区间（confidence interval）。

服从正态分布的随机变量 X 落在均值周围正负1个标准差的概率为0.68，我们称 X 的68%的置信区间为 $[\bar{x}-s, \bar{x}+s]$。$\bar{x}$ 为样本均值，s 为样本标准差。容易理解，随机变量 X 大于 $\bar{x}+s$ 的概率为0.16，小于 $\bar{x}-s$ 的概率也为0.16。

服从正态分布的随机变量 X 落在均值周围正负1.65个标准差的概率为0.90，我们称 X 的90%的置信区间为 $[\bar{x}-1.65s, \bar{x}+1.65s]$。随机变量大于 $\bar{x}+1.65s$ 和小于 $\bar{x}-1.65s$ 的概率均为0.05。

服从正态分布的随机变量 X 落在均值周围正负1.96个标准差的概率为0.95，我们称 X 的95%的置信区间为 $[\bar{x}-1.96s, \bar{x}+1.96s]$。随机变量大于 $\bar{x}+1.96s$ 和小于 $\bar{x}-1.96s$ 的概率均为0.025。

服从正态分布的随机变量 X 落在均值周围正负2.58个标准差的概率为0.99，我们称 X 的99%的置信区间为 $[\bar{x}-2.58s, \bar{x}+2.58s]$。随机变量大于 $\bar{x}+2.58s$ 和小于 $\bar{x}-2.58s$ 的概率均为0.005（如图5-2）。

正态分布的置信区间在后面假设检验和置信区间估计中都有很重要的作用。

3. 标准正态分布。如果正态分布的均值为0，方差为1，称为标准正态分布（standard normal distribution），记为 $N(0, 1)$ 或 Z 分布。

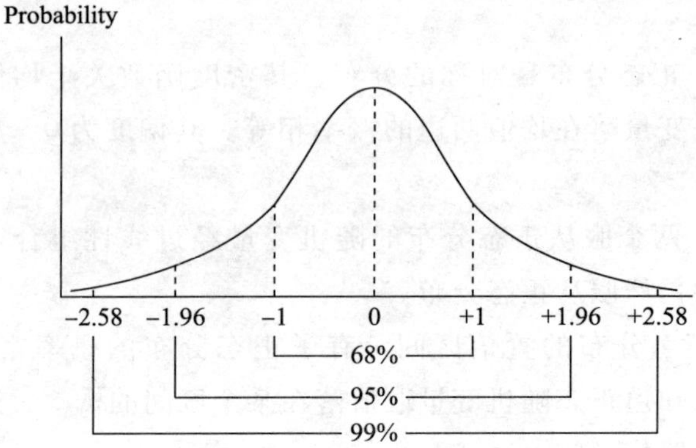

图 5－2　正态分布的置信区间

我们可以把服从任意正态分布的随机变量转变成服从标准正态分布的随机变量，这个过程称为标准化（standardization）。如果一个随机变量 X 服从正态分布 $N(\mu, \sigma^2)$，那么我们把随机变量 X 减去均值 μ，再除以标准差 σ，即得到 $Z=\frac{X-\mu}{\sigma}$。通过转换后的随机变量 Z 是服从标准正态分布的随机变量。

我们把随机变量标准化的目的是为了方便我们利用标准正态分布表来解决我们面临的问题。

例 5－1　随机变量 X 服从 $N(3, 4)$，求随机变量 X 落在 4 到 6.48 之间的概率。

A. 0.1915

B. 0.2676

C. 0.4591

D. 0.6506

答案：B

先标准化，将 4 和 6.48 分别标准化。

$(4-3)/2=0.5$　　$(6.48-3)/2=1.74$

所以，随机变量 X 落在 4 到 6 之间的概率，就等于标准正态分布取值在 0.5 到 1.74 之间的概率。

$P(0.5<Z<1.74)=F(1.74)-F(0.5)$

查阅标准正态分布表，得到 $F(1.74)=0.4591$，$F(0.5)=0.1915$。于是：

$P(0.5<Z<1.74)=F(1.74)-F(0.5)=0.4591-0.1915=0.2676$

即随机变量 X 落在 4 到 6.48 之间的概率为 0.2676。

【全真模拟】Sara Wills is now analyzing the return of ABC stock. She believes that the stock return is normally distributed. The investment has a mean return of 15 percent, and a standard deviation of returns equal to 10 percent. Which of the following statements is FALSE? The probability of obtaining a return:

A. Over 35 percent is 2.5 percent

B. Less than 5 percent is 16 percent

C. Over 25 percent is 32 percent

【名师详解】收益率服从正态分布，均值为 15%，标准差为 10%。因此，收益率落在均值周围正负 1.96（约等于 2）个标准差的概率为 0.95，即落在［-5%，35%］区间内的概率为 95%，小于 -5% 和大于 35% 的概率均为 2.5%。因此 A 正确。

落在均值周围正负 1 个标准差的概率为 0.68，即落在［5%，25%］区间内的概率为 68%，小于 5% 和大于 25% 的概率均为 16%。因此 B 正确。

C 是错误的，收益率大于 25% 的概率为 16%。

【答案】C

4. 安全第一比率。不足风险（shortfall risk）是指投资组合的价值低于某个可以接受的底限值的风险。Roy 的安全第一准则（Roy's safety - first criterion）是指找到最优投资组合，其收益率低于最低可以接受的底限收益率（threshhold return）的概率最小。

我们用安全第一比率（Roy's safety - first ratio）来挑选 shortfall risk 最小的组合。如果组合的收益率服从正态分布，那么安全第一比率最大的组合，其 shortfall risk 最小。安全第一比率的公式为：

$$SF\ Ratio = \frac{E(R_p) - R_L}{\sigma_p}$$

$E(R_p)$：资产组合的期望收益率（即平均收益率）

R_L：最低可以接受的底限收益率（threshhold return）

σ_p：资产组合收益率的标准差（即资产组合的总风险）

例：A、B、C三个股票的期望收益率和收益率的标准差如下。假设最低可以忍受的收益率为2%，选择哪个股票可以使得收益率低于最低可以忍受的收益率的概率最小？

	期望收益率	标准差
A.	10%	20%
B.	12%	18%
C.	5%	9%

答案：B

分别计算三个安全第一比率，越大越好。

Safety - first ratio 与 Sharpe Ratio 非常相似，区别是：Safety - first ratio 分子上减去最低可以接受的底限收益率，Sharpe Ratio 分子上减去无风险收益率。当最低可以接受的底限收益率等于无风险收益率时，Safety - first ratio 即为 Sharpe Ratio。因此，称 Sharpe Ratio 是 Safety - first ratio 的特例。

【全真模拟】On 1 January 2011, the value of an investor's portfolio is $89000. The investor plans to donate $6000 to charity organization and pay $2000 to his insurance account on 31 December of 2011, but meanwhile he does not want the year - end portfolio value to be below $89000. If the expected return on the existing portfolio is 12 percent with a standard deviation of 0. 125, the safety - first ratio that would be used to evaluate the portfolio based on Roy's criterion is closest to:

A. 0.241

B. 0.365

C. 0.546

【名师详解】首先计算最低可以接受的底限收益率 R_L = (6000 + 2000) /89000 = 8.99%。

SF Ratio = (12% − 8.99%) /0.125 = 0.241

【答案】A

对数正态分布

如果随机变量 X 的自然对数服从正态分布，那么称 X 服从对数正态分布 (lognormal distribution)。对数正态分布的密度函数图形如图 5-3：

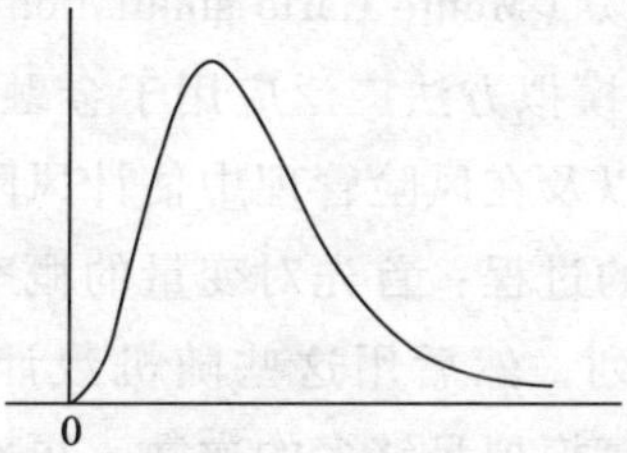

图 5-3　对数正态分布的密度函数

你不需要知道对数正态分布的期望值和方差，对于对数正态分布，你只需要记住以下三点：

1. 如果随机变量 X 的自然对数服从正态分布，那么 X 服从对数正态分布 (Lognormal means "log is normal")。

2. 对数正态分布的取值范围大于等于 0。

3. 对数正态分布是右偏的。

我们之所以要学习对数正态分布，是因为著名的期权定价模型 Black-Scholes Model 假设标的资产价格是服从对数正态分布的。

【全真模拟】Compared to a normal distribution, a lognormal distribution is least likely to be:

A. Skewed to the left

B. Skewed to the right

C. Useful in describing the distribution of stock prices

【名师详解】对数正态分布是右偏的分布，常用于对资产价格分布的假设。

【答案】A

蒙特卡洛模拟和历史模拟

我们通常要研究一个变量的变化对另一个变量的影响，当所研究的变量过于复杂时，可以使用模拟方法。最常用的两种模拟方法是蒙特卡洛模拟（Monte Carlo simulation）和历史模拟（historical simulation）。模拟方法广泛应用于金融领域，包括给股票、债券等资产定价，以及在风险管理中估计风险价值（VaR）等。

蒙特卡洛模拟的过程：首先对变量的概率分布进行假定，生成大量的随机数序列，然后用这些随机数计算所需要研究的数值。在计算机中重复模拟足够多的次数，再对所有的模拟结果进行统计。其缺点是需要假定输入参数的概率分布，如果假定不符合实际，那么其结果也就缺乏实际意义了。

历史模拟则不假定随机变量的分布，而是采用其历史数据的分布来进行模拟。其缺点是如果在历史上没有发生的事件，在模拟中也不会出现。另外，如果缺乏历史数据，则只能做蒙特卡洛模拟。

【全真模拟】Jesscal Conti wants to evaluate ABC stock, which was just listed on NASDAQ yesterdy. Which simulation method should she use?

A. historical simulation

B. Monte Carlo simulation

C. subjective simulation

【名师详解】由于是昨天刚上市的股票，缺乏历史数据，只能用蒙特卡洛模拟。

【答案】B

本章重要考点

考点一：利用二项分布概率函数计算二项分布的概率。

考点二：正态分布的置信区间。

考点三：了解标准正态分布的概念和性质。

考点四：利用安全第一比率求解最优投资组合。

第六章　抽样和估计

基本概念

我们再来回顾一下我们前面学过的基本概念。总体（population）是我们所要研究的所有个体的集合。例如，我们想要研究中国人的身高状况，那么所有中国人的身高的集合就是我们的总体。样本（sample）是从总体当中抽取出来的一个子集。例如，我抽取了100个中国人，分别量了他们的身高，那么这100个身高的集合就是我的一个样本。这个样本的样本量（sample size）为100。

我们研究一个总体，通常不是想要了解每一个个体的情况，而是想要知道某些总体参数（population parameter）。总体参数是总体中个体数值的函数，例如总体均值、总体方差等等。

但是由于种种原因，我们通常不能得到总体中所有个体的数值，我们只能抽取一个样本，来计算样本统计量（sample statistic）。样本统计量是样本中个体数值的函数，例如，样本均值、样本方差等等。例如，我抽取了100个中国人，分别量了他们的身高，计算了他们的平均身高，用来估计中国人的平均身高。

抽样（sampling）是指从总体中抽取样本。估计（estimation）是指计算样本统计量来估计总体参数。他们之间的关系见

图6-1。

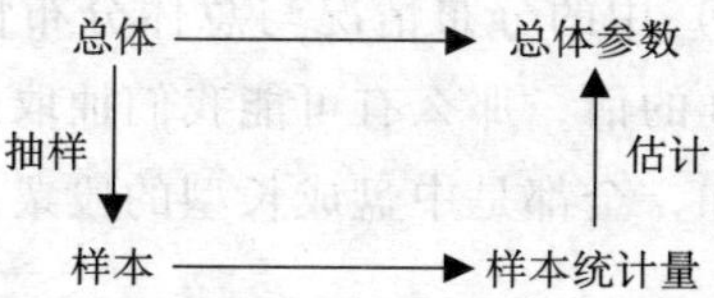

图6-1 抽样和估计

简单随机抽样和分层随机抽样

最基本的两种抽样方法是简单随机抽样（simple random sampling）和分层随机抽样（stratified random sampling）。

随机抽样是指：总体中的每个个体被抽中的概率相同。简单随机抽样是把总体中的所有个体放在一起抽，要保证每个个体被抽中的概率相同。例如，我们看到电视上彩票开奖，把10个球放入大球内滚动，随机抽取一个，这就是简单随机抽样。

分层随机抽样先将总体分成几个子集，然后分别在各个子集中进行简单随机抽样，最后将抽到的个体合起来成为一个样本。例如，我们要在1000支股票中抽取100支股票构造指数，我们先把所有股票按照市值大小分为大盘股、中盘股和小盘股三种，然后每种里面再分为价值型和成长型两种，见表6-1：

表6-1

	大盘股	中盘股	小盘股
价值型	280	120	190
成长型	140	170	100

表6-1中的数字代表该种股票的数量，例如大盘价值型股票共有280支。那么，由于我们要抽取十分之一的股票，所以大盘价值型股票共应抽取28支。同理，大盘成长型股票共应抽取

14 支，依此类推。使用分层随机抽样可以保证我们抽取的股票在各个格子（cell）中的分布情况与总体分布情况一致，而如果使用简单随机抽样的话，那么有可能我们抽取的 100 支股票都在一个格子里，例如，全都是中盘成长型的股票。

【全真模拟】A mutual fund manager wants to create a fund based on a high - grade corporate bond index. She first distinguishes between utility bonds and industrial bonds; she then, for each segment, defines maturity intervals of less than 5 years, 5 to 10 years, and greater than 10 years. For each segment and maturity level, she classifies the bonds as callable or non - callable. For the manager's sample, which of the following best describes the:

	sampling approach?	number of sampling cells?
A.	Simple random sampling	3
B.	Simple random sampling	12
C.	Stratified random sampling	12

【名师详解】首先把债券按照行业分类（分为公用事业和工业），再按照期限分类（分为低于 5 年、5 ~ 10 年和大于 10 年），然后按照是否可赎回分类（分为可赎回和不可赎回）。这是分层随机抽样，共分了 3 层，12 类（cell）。

【答案】C

抽样误差和抽样分布

由于抽样是随机的，因此样本统计量不会正好等于总体参数，用样本统计量来估计总体参数会产生误差，这称为抽样误差（sampling error）。

而且，由于抽样是随机的，因此计算出来的样本统计量也是随机变量。例如，我们抽一个样本，就得到一个样本均值；再抽另一个样本，就得到另一个样本均值。样本统计量既然是随机变量，那么它们就有自己的概率分布（称为抽样分布），也有自己的期望值和方差等。只有理解了样本统计量是随机变量，才能理解统计中重要的定理：中心极限定理。

样本统计量是随机变量，而总体参数是常数。例如，中国人的平均身高是客观存在的常数，只是我们不知道等于多少。我们通过抽样，计算样本统计量，来估计这个常数。

中心极限定理

中心极限定理（central limit theorem）告诉我们：如果总体期望值为μ，方差为σ^2，从中抽取样本量为n的简单随机样本，那么当样本量n很大时（$n \geqslant 30$），样本均值$\bar{x}$的抽样分布服从期望值为μ，方差为σ^2/n的正态分布。

简单地说，中心极限定理告诉我们3件事情：

1. 不管总体是什么分布，只要样本量够大（$n \geqslant 30$）的话，样本均值$\bar{x}$就服从正态分布。

2. 样本均值的期望值等于总体均值($E(\bar{x}) = \mu$)。

3. 样本均值的方差等于总体方差除以样本量($\text{Var}(\bar{x}) = \sigma^2/n$)。

我们依次来看这3句话。由第1句话，样本均值$\bar{x}$的抽样分布为正态分布。样本均值是一个样本统计量，样本统计量都是随机变量，因此样本均值是随机变量。只要样本量够大（$n \geqslant 30$）的话，样本均值这个随机变量就服从正态分布。

由第2句话，样本均值的期望值等于总体均值。样本均值的公式为$\bar{x} = \frac{1}{n}\sum_{i=1}^{n} x_i$。我们计算样本均值的目的是要估计总体均值，样本均值有可能大于总体均值，也有可能小于总体均值（这都是抽样误差），但其均值等于总体均值。如果一个估计量的期望值等于要估计的那个数，我们就称这个估计量为无偏估计量（unbiased estimator）。因此，样本均值是总体均值的无偏估计量。

无偏估计量可能有许多个，其中方差最小的那个无偏估计量称为最小方差无偏估计，又称有效估计量（efficient estimator）。

由第3句话，样本均值的方差等于总体方差除以样本量。随着样本量的增大，样本均值的方差减小，意味着估计的精度上升。如果随着样本量的增大，估计的精度会上升，这是估计量的一个优良性质，称为一致估计量（consistent estimator）。

样本均值的标准差为：$\sigma_{\bar{x}} = \sigma/\sqrt{n}$。我们把样本均值的标准差称为样本均值的标准误（standard error of the sample mean）。

如果总体标准差未知，那么我们可以用样本标准差来代替总体标准差：$s_{\bar{x}} = s/\sqrt{n}$。

总而言之，样本均值的标准误就等于标准差除以样本量的开方。这条结论很重要，我们后面做假设检验和置信区间估计都要用到。

【全真模拟】According to the central limit theorem, a sampling distribution of the sample mean will be approximately normal only if the:

A. sample size n is large

B. underlying distribution is normally distributed

C. variance of the underlying distribution is known

D. population mean of the underlying distribution is known

【名师详解】中心极限定理不需要已知总体均值和方差，也不需要总体服从什么分布，只要是简单随机抽样（simple random sampling），而样本量又够大（$n \geqslant 30$）就可以了。

【答案】A

【全真模拟】An analyst gathered the following information about

ABC stock:

Mean monthly return	8%
Standard deviation of monthly return	10%

The analyst takes a sample of 3 – year time series data from the historical return of ABC stock. The standard error of the sample mean is closest to:

A. 0.28%

B. 1.33%

C. 1.67%

【名师详解】样本均值的标准误等于标准差除以样本量的开方。标准差为10%，样本量为36。请注意，3 年的收益率数据，收益率为月度收益率，因此共有36个月的月收益率。

standard error of the sample mean = 10% /6 = 1.67%

【答案】C

【全真模拟】If no other unbiased estimator of a given parameter has a sampling distribution with a smaller variance, the estimator used is best characterized as:

A. consistent

B. efficient

C. accurate

【名师详解】无偏估计量有许多个，其中方差最小的那个无偏估计量称为有效估计量（efficient estimator）。

【答案】B

【全真模拟】The following sample of 8 items is selected from a population of ABC stock returns.

3%	–5%	8%	10%
–7%	11%	2%	12%

The population variance is unknown. The standard error of the sample mean is closest to:

A. 2.58%

B. 6.81%

C. 7.29%

【名师详解】总体标准差未知的情况下，计算样本均值的标准误，用样本标准差来代替总体标准差，即 $s_{\bar{x}} = s/\sqrt{n}$。我们可以使用计算器的统计功能（STAT）来计算样本标准差。

计算器按键	解释	显示屏显示
[2nd] [DATA]	用以输入样本数据	X01　0.0000
[2nd] [CLR WORK]	清空之前存储的数据	
0.03 [ENTER]	第 1 个数据为 3%	X01 = 0.0300
[↓]	忽略第二个变量 Y 的数据	Y01 = 1.0000
[↓] 0.05 [+/-] [ENTER]	第 2 个数据为 -5%	X02 = -0.0500
[↓]		Y02 = 1.0000
[↓] 0.08 [ENTER]	第 3 个数据为 8%	X03 = 0.0800
[↓]		Y03 = 1.0000
[↓] 0.1 [ENTER]	第 4 个数据为 10%	X04 = 0.1000
[↓]		Y04 = 1.0000
[↓] 0.07 [+/-] [ENTER]	第 5 个数据为 -7%	X05 = -0.0700
[↓]		Y05 = 1.0000
[↓] 0.11 [ENTER]	第 6 个数据为 11%	X06 = 0.1100
[↓]		Y06 = 1.0000
[↓] 0.02 [ENTER]	第 7 个数据为 2%	X07 = 0.0200
[↓]		Y07 = 1.0000
[↓] 0.12 [ENTER]	第 8 个数据为 12%	X08 = 0.1200
[↓]		Y08 = 1.0000
[2nd] [STAT]	使用计算器统计功能统计样本数据	LIN
[2nd] [CLR WORK]	清空之前的输入	
[2nd] [SET]		Ln
[2nd] [SET]		EXP
[2nd] [SET]		PWR
[2nd] [SET]	选择单变量（one variable）统计功能	1 - V
[↓]	显示样本量	n = 8.0000
[↓]	显示样本均值	$\overline{X}$ = 0.0425
[↓]	显示样本标准差	S_x = 0.0729
[↓]	显示总体标准差	σ_x = 0.0681

请注意，我们需要使用的是样本标准差 0.0729。则样本均值的标准误为：

$s_{\bar{x}} = s/\sqrt{n} = 0.0729/\sqrt{8} = 0.0258$

【超级猜题法】此题就是考公式 $s_{\bar{x}} = s/\sqrt{n}$，虽然不难，但是样本标准差的计算很繁琐，1.5 分钟肯定算不出来。做此类题目有一个简便的猜题方法，就是在 3 个选项中寻找有相除等于$\sqrt{8}$的选项。因为通常有些人会算出样本标准差却忘记除以$\sqrt{n}$，因此 CFA 协会必定会将样本标准差作为一个备选项。例如此题中，容易发现 C 选项除以$\sqrt{8}$即为 A 选项。这就说明，C 选项为样本标准差，A 选项为样本均值的标准误。

【答案】A

五种偏差

五种偏差是指在抽样和估计时产生的一些问题。五种偏差出现在考试中的概率极小，唯一一个有可能考的就是生存者偏差，而且它只会出现在其他类投资部分，而不是定量方法部分。

数据挖掘偏差

数据挖掘是指采用大量不同的模式对历史数据进行研究，试图发现某种预测模型。例如，我们有了美国股票的历史数据，通过大量的交易模式的研究，发现了某种在历史上表现非常好的交易模式。如果研究报告只写了这一种成功的模式，而没有指出一共进行了多少种不同的模型的测试才得到该成功的模式，那么就有可能出现数据挖掘偏差（data - mining bias）。

样本选择偏差

随机抽样是指总体中的每个个体被抽中的概率相同。在实践当中，很难做到每个个体被抽中的概率相同，因此就产生样本选择偏差（sample selection bias），即抽样方法不随机。

生存者偏差

生存者偏差（survivorship bias）是指：指数中往往只包含现在存在的股票或基金，而已经死亡的股票或基金往往被剔除，这样就显得回报率偏高。例如，我们研究对冲基金的指数，如果那些停止运作的基金的数据没有包含在指数中，就会使得我们计算的对冲基金平均收益率偏高，导致生存者偏差。

前视偏差

前视偏差（look - ahead bias）是指用到的样本数据在每个样本时点根本不可获得，即使用以后的数据来解释以前的事情。

时间期限偏差

时间期限偏差（time - period bias）是指当我们研究数据的时间跨度难以确定，要么太长、要么太短时，就会产生时间期限偏差。

本章重要考点

考点一：区别简单随机抽样和分层随机抽样。
考点二：深入了解中心极限定理。
考点三：了解生存者偏差的定义。

第七章　假设检验和置信区间估计

假设检验基本概念

为了推断总体的某些性质，我们会提出关于总体性质的各种假设（hypothesis）。假设检验（hypothesis testing）就是根据样本提供的信息对所提出的假设作出判断的过程。

原假设（null hypothesis）是我们有怀疑，想要拒绝的假设，记为 H_0。备择假设（alternative hypothesis）是我们拒绝了原假设后得到的结论，记为 H_a。

假设都是关于总体参数的，例如，我们想知道总体均值是否等于某个常数 μ_0，那么原假设是：H_0：$\mu=\mu_0$。

备择假设总是原假设的反面：H_a：$\mu\neq\mu_0$。

上面这种假设检验，我们称为双尾检验（two - tailed test），因为备择假设是双边的（$<\mu_0$ and $>\mu_0$）。以下两种假设检验称为单尾检验（one - tailed test）：

1. $H_0: \mu\geqslant\mu_0$　　$H_a: \mu<\mu_0$

2. $H_0: \mu\leqslant\mu_0$　　$H_a: \mu>\mu_0$

值得注意的是，无论是单尾检验还是双尾检验，等号永远都在原假设一边。这是用来判断原假设的唯一标准。

第一类错误和第二类错误

我们在做假设检验的时候会犯两种错误：第一，原假设是正确的，而你判断它为错误的；第二，原假设是错误的，而你判断它为正确的。我们分别称这两种错误为第一类错误（Type I error）和第二类错误（Type II error）。

第一类错误：原假设是正确的，却拒绝了原假设。

第二类错误：原假设是错误的，却没有拒绝原假设。

我们常把假设检验比作法庭判案，我们想知道被告是好人还是坏人。原假设是“被告是好人”，备择假设是“被告是坏人”。法庭判案会犯两种错误：如果被告真是好人，而你判他有罪，这是第一类错误（错杀好人）；如果被告真是坏人，而你判他无罪，这是第二类错误（放走坏人）。

记忆方法：我们可以把第一类错误记为“以真为假”，把第二类错误记为“以假为真”。当然我们也可以将第一类错误记为“错杀好人”，把第二类错误记为“放走坏人”。

在其他条件不变的情况下，如果要求犯第一类错误概率越小，那么犯第二类错误的概率就会越大。这个结论比较容易理解，当我们要求“错杀好人”的概率降低时，那么往往就会“放走坏人”。

同样的，在其他条件不变的情况下，如果要求犯第二类错误概率越小，那么犯第一类错误的概率就会越大。当我们要求“放走坏人”的概率降低时，那么往往就会“错杀好人”。

其他条件不变主要指的是样本量 n 不变。换言之，要想同时减少犯第一类错误的概率和第二类错误的概率，就要增大样本量 n。

在做假设检验的时候，我们会规定一个允许犯第一类错误的概率，比如 5%，这称为显著性水平（significance level），记为希腊字母 α。我们通常只规定犯第一类错误的概率，而不规定犯第二类错误的概率。

检验的势（power of the test）定义为在原假设是错误的情况下正确拒绝原假设的概率。检验的势等于1减去犯第二类错误的概率：power = 1 − P（Type II error）

我们用表7－1来更清楚地表示显著性水平和检验的势。

表7－1

	原假设正确	原假设不正确
拒绝原假设	第一类错误 significance level = α	判断正确 power = 1 − P（Type II error）
没有拒绝原假设	判断正确	第二类错误

【全真模拟】Which of the following decisions by an analyst would most accurately describe a Type II error?

A. An analyst rejects a true null hypothesis

B. An analyst rejects a false null hypothesis

C. An analyst does not reject a false null hypothesis

【名师详解】第二类错误是指原假设是错误的，却没有拒绝原假设。

【答案】C

检验统计量和关键值

要做假设检验，我们先要计算两样东西：检验统计量（test statistic）和关键值（critical value）。

检验统计量是从样本数据中计算得来的。检验统计量的一般形式为：

检验统计量 =（样本统计量 − 在 H_0 中假设的总体参数值）/

样本统计量的标准误

关键值是查表求得的。关键值的计算需要知道以下3点：

1. 检验统计量是什么分布。这决定了我们要去查哪张表，我们后面会学4种检验（z, t, χ^2, F），它们都是用检验统计量的分布命名的。

2. 显著性水平 α。

3. 是双尾检验还是单尾检验。

关于检验统计量和关键值的具体计算方法，我们会在后面详细讲述。

决策规则

基于检验统计量和关键值的决策规则

计算了检验统计量和关键值之后，怎样判断是拒绝原假设还是不拒绝原假设呢？

首先，我们要搞清楚我们做的是双尾检验还是单尾检验。如果是双尾检验，那么拒绝域在两边。以双尾的 z 检验为例，首先画出 z 分布（标准正态分布），在两边画出黑色的拒绝域，如图7－1所示：

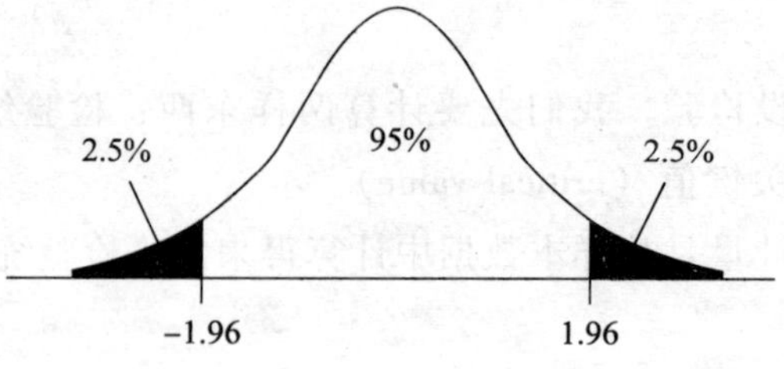

图7－1　双尾检验的拒绝域

拒绝域的面积应等于显著性水平 α。以 $\alpha = 0.05$ 为例，左右两块拒绝域的面积之和应等于 0.05，可知交界处的数值为 ±1.96。±1.96 即为关键值。

如果从样本数据中计算得出的检验统计量落在拒绝域（小于 -1.96 或大于 1.96），就拒绝原假设；如果检验统计量没有落在拒绝域（在 -1.96 和 1.96 之间），就不能拒绝原假设。

如果是单尾检验，那么拒绝域在一边。拒绝域在哪一边，要看备择假设在哪一边。以单尾的 z 检验为例，假如原假设为 H_0：$\mu \leq \mu_0$，备择假设为 H_a：$\mu > \mu_0$，那么拒绝域在右边，因为备择假设在右边（$\mu > \mu_0$）。首先画出 z 分布（标准正态分布），在右边画出黑色的拒绝域，如图 7 - 2 所示：

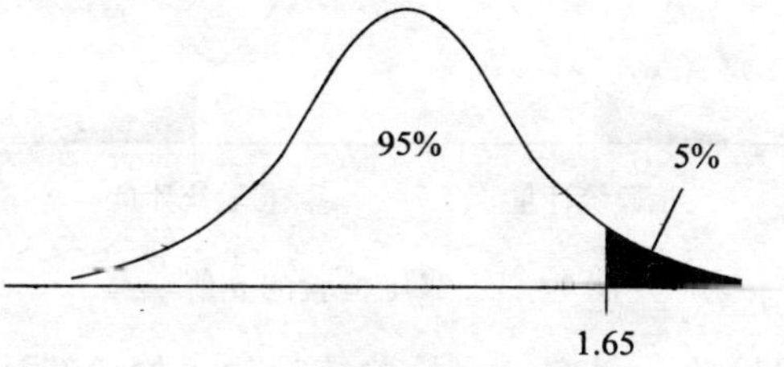

图 7 - 2　单尾检验的拒绝域

拒绝域的面积还是等于显著性水平 α。以 $\alpha = 0.05$ 为例，因只有一块拒绝域，因此其面积应等于 0.05，可知交界处的数值为 1.65。1.65 即为关键值。

如果从样本数据中计算得出的检验统计量落在拒绝域（大于 1.65），就拒绝原假设；如果检验统计量没有落在拒绝域（小于 1.65），就不能拒绝原假设。

以上就是双尾检验和单尾检验的决策规则。双尾检验和单尾检验计算的检验统计量是一样的，但注意查表求得的关键值是不同的。

基于 *p* 值和显著性水平的决策规则

上面讲了基于检验统计量和关键值的决策规则，这是考试最喜欢考的一种决策规则。但是在实际应用中，很少使用这一种决策规则。因为几乎所有统计软件都不要你输入显著性水平 α，因此统计软件无法计算出关键值，而只能计算出检验统计量。统计软件在计算出检验统计量之后，进一步计算出 p 值（p - value），你可以将 p 值与显著性水平 α 作比较，以决定拒绝还是不拒绝原假设，这就是基于 p 值和显著性水平的决策规则。

首先，我们来看看 p 值究竟是什么。对于双尾检验，有两个检验统计量，两个检验统计量两边的面积之和就是 p 值。因此，每一边的面积都是 $p/2$（如图 7 - 3 所示）。

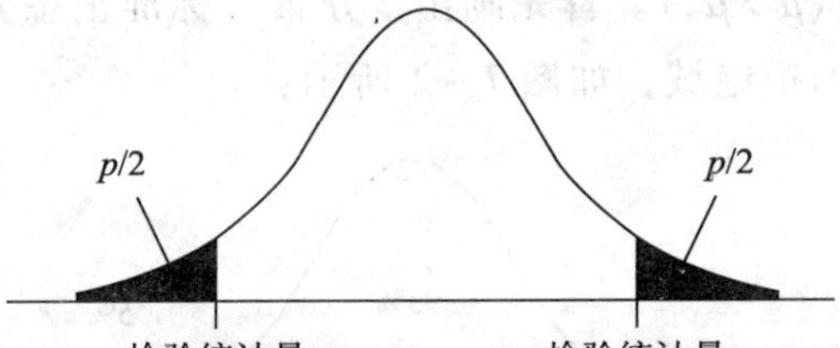

图 7 - 3　双尾检验的 p 值

对于单尾检验，只有一个检验统计量，检验统计量边上的面积就是 p 值（如图 7 - 4 所示）。

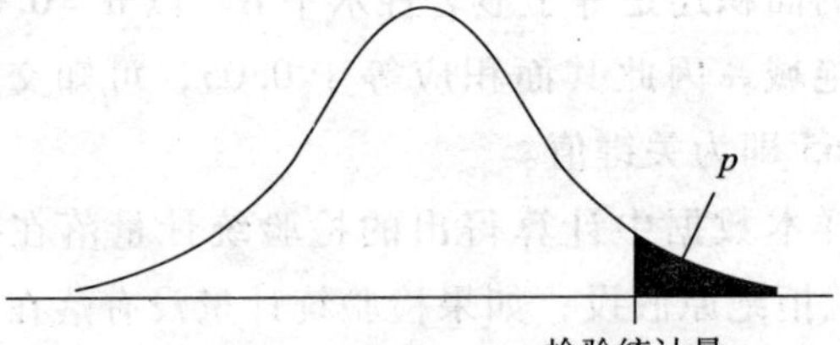

图 7 - 4　单尾检验的 p 值

计算 p 值的目的是与显著性水平 α 作比较。如果 p 值小于显著性水平 α，说明检验统计量落在拒绝域，因此拒绝原假设。如果 p 值大于显著性水平 α，说明检验统计量没有落在拒绝域，因此不能拒绝原假设。

p 值的定义为：可以拒绝原假设的最小显著性水平 α。

以上就是基于 p 值和显著性水平的决策规则，其本质上与基于检验统计量和关键值的决策规则是一致的。虽然在一级考试中从未出现过基于 p 值和显著性水平的决策规则，但在二级考试中你需要同时掌握这两种决策规则。

结论的陈述

如果不能够拒绝原假设，我们不能说接受（accept）原假设，我们只能说"fail to reject H_0"或者"cannot reject H_0"。记住：原假设是用来拒绝的。

在作出判断之后，我们还要陈述结论。如果拒绝原假设 H_0：$\mu=\mu_0$，那么我们说：总体均值显著地不等于 μ_0（μ is significantly different from μ_0）。如果没有拒绝原假设，那么我们说：总体均值没有显著地不等于 μ_0（μ is not significantly different from μ_0）。

下面我们就要具体地介绍各个假设检验。我们所学的参数检验都是关于总体参数的假设检验。总体参数我们至今只学了总体均值和总体方差，因此下面的假设检验也分成两大类：总体均值的假设检验和总体方差的假设检验。其中每一类又分为两小类，即单个总体与两个总体。

单个总体均值的假设检验

我们想知道一个总体的均值是否等于（或大于等于、小于等于）某个常数 μ_0，可以使用 z 检验或 t 检验。双尾和单位检验的原假设和备择假设如下：

$H_0: \mu = \mu_0 \quad H_a: \mu \neq \mu_0$

$H_0: \mu \geqslant \mu_0 \quad H_a: \mu < \mu_0$

$H_0: \mu \leqslant \mu_0 \quad H_a: \mu > \mu_0$

表 7－2 告诉我们什么时候使用 z 检验，什么时候使用 t 检验。

表 7－2

	正态总体，$n<30$	$n \geqslant 30$
已知总体方差（σ^2）	z 检验	z 检验
未知总体方差	t 检验	t 检验 or z 检验

从表 7－2 中可知，如果已知总体方差，则用 z 检验；如果未知总体方差，则用 t 检验。但如果未知总体方差而样本量又比较大（$n \geqslant 30$）时，也可以用 z 检验。

下面，我们就要计算 z 统计量和 t 统计量。如果已知总体方差，那么 z 统计量的公式为：

$$Z = \frac{\bar{x} - \mu_0}{\sigma / \sqrt{n}}$$

其中：$\bar{x}$ 为样本均值，σ 为总体标准差，n 为样本量。

如果未知总体方差，那么 z 统计量的公式中，总体标准差 σ 用样本标准差 s 代替：

$$Z = \frac{\bar{x} - \mu_0}{s / \sqrt{n}}$$

t 统计量的计算方法和 z 统计量相似：

$$t_{n-1} = \frac{\bar{x} - \mu_0}{s / \sqrt{n}}$$

下标 $n-1$ 是 t 分布的自由度，我们在查表寻找关键值的时候需要用到自由度。

例 7－1　有一个机器，专门生产一种零件，零件的长度应该等于 10 厘米。如果机器出了问题，零件的长度就会大于或小于 10 厘米，我们就要停工检修机器。我们随机抽取了机器生产出的 100 个零件，得到其平均长度为 9.9 厘米，其标准差为 0.55 厘米。

以显著性水平为 0.05，作假设检验，看机器是否需要修理，结果如何？

A. 不能拒绝原假设，因为 z 统计量等于 -1.82

B. 拒绝原假设，因为 z 统计量等于 -1.82

C. 不能拒绝原假设，因为 z 统计量等于 -2.02

D. 拒绝原假设，因为 z 统计量等于 -2.02

答案：A

①首先，我们要写出原假设和备择假设：H_0：$\mu = 10$，H_a：$\mu \neq 10$。

②其次，我们要决定使用哪种检验。由于未知总体方差（仅知道样本标准差为 0.55），但样本量较大（$n = 100$），我们可以使用 t 检验，也可以使用 z 检验。在此以 z 检验为例。

③接着，就要计算 z 统计量：$Z = (9.9 - 10) / (0.55/10) = -1.82$

④接着，我们要查表计算 z 关键值。我们要查 z 表（标准正态分布表），我们知道显著性水平 $\alpha - 0.05$，由于是双尾检验，两边拒绝域的面积都为 0.025。我们要查找这样一个值，使得大于这个值的概率为 0.025。我们知道，标准正态分布落在 1.96 右边的面积为 0.025，因为取值在 -1.96 到 1.96 范围内的概率为 95%。因此，±1.96 就是关键值。

⑤然后，我们比较 z 统计量和 z 关键值的大小。由于 $-1.96 < -1.82 < 1.96$，z 统计量没有落在拒绝域，因此我们不能拒绝原假设。

⑥最后，我们陈述结论：零件的长度并未显著地不等于 10 厘米，即机器不需要修理。

例 7-2　有一个机器，专门生产一种零件，零件的长度应该大于等于 10 厘米。如果机器出了问题，零件的长度就会小于 10 厘米，我们就要停工检修机器。我们随机抽取了机器生产出的 100 个零件，得到其平均长度为 9.9 厘米，其标准差为 0.55 厘米。以显著性水平为 0.05，作假设检验，看机器是否需要修理，结果如何？

A. 不能拒绝原假设，因为 t 统计量等于 -1.82

B. 拒绝原假设，因为 t 统计量等于 -1.82

C. 不能拒绝原假设，因为 t 统计量等于 -2.02

D. 拒绝原假设，因为 t 统计量等于 -2.02

答案：B

①首先，我们要写出原假设和备择假设：H_0：$\mu \geq 10$，H_a：$\mu < 10$。

②其次，我们要决定使用哪种检验。由于未知总体方差（仅知道样本标准差为0.55），但样本量较大（$n=100$），我们可以使用 t 检验，也可以使用 z 检验。在此以 t 检验为例。

③接着，就要计算 t 统计量。t 统计量的计算应与上题中的 z 统计量一样，为 -1.82。

④接着，我们要查表计算 t 关键值。我们知道显著性水平 $\alpha=0.05$，由于是单尾检验，拒绝域在左边，因为备择假设在左边（$\mu<10$），且拒绝域的面积为0.05。我们要查找这样一个值，使得小于这个值的概率为0.05。我们知道自由度等于99（$=100-1$），由于 t 表中没有99的自由度，我们找最近的120代替。因此，-1.66 就是关键值。

⑤然后，我们比较 t 统计量和 t 关键值的大小。由于 $-1.82<-1.66$，t 统计量落在拒绝域，因此我们拒绝原假设。

⑥最后，我们陈述结论：零件的长度显著地小于10厘米，即机器需要修理。

t 分布

t 分布有一个奇怪的名字，叫做学生 t 分布（Student's t distribution），这是因为 t 分布的发现者、都柏林吉尼斯酿酒公司的化学技师戈塞特（William Gosset，1876～1937）最初用 Student 这个笔名于1908年在《生物计量学》杂志发表论文，推导了 t

分布。

t 分布与标准正态分布相似，它也是对称的分布，取值范围为（$-\infty$，$+\infty$），即 t 分布的密度函数向左右两边无限延伸，无限接近 X 轴但在 X 轴上方。

t 分布与标准正态分布的不同主要有以下几点：

1. 正态分布有两个参数：均值和方差。而 t 分布只有一个参数，就是 t 分布的自由度（degrees of freedom，简称 df）。也就是说，t 分布由其自由度完全描述。

2. 与标准正态分布相比，t 分布在峰部较矮，在两边尾部较高。形象地说，标准正态分布中间有一些观察点跑到两边去了，就成了 t 分布。因此，t 分布又被称为“瘦峰肥尾分布”。

3. 随着 t 分布自由度的增加，t 分布的峰部增高，两边尾部降低。也就是说，随着 t 分布自由度的增加，t 分布就越来越接近标准正态分布。当自由度大于 30 时，t 分布就已经很接近标准正态分布了。

【全真模拟】Compared to the standard normal distribution, the Student's t – distribution most likely:

A. Has fatter tails

B. Exhibits skewness

C. Is more peaked

【名师详解】与标准正态分布相比，t 分布在峰部较矮（less peaked），在两边尾部较高（fatter tails）。t 分布是对称的分布（无偏的分布）。

【答案】A

【全真模拟】An analyst stated that as degrees of freedom increase, a t – distribution will become more peaked and the tails of the t – distribution will become less fat. Is the analyst's statement correct with respect to the t – distribution:

	Become more peaked?	Tails becoming less fat?
A.	No	No
B.	No	Yes
C.	Yes	Yes

【名师详解】t 分布随着自由度的增加，t 分布的峰部增高，两边尾部降低。因此该分析师的说法是正确的。

【答案】C

检验两个总体均值是否相等

两个独立总体的均值检验

我们想知道两个相互独立的正态分布总体的均值是否相等，可以使用 t 检验来完成。双尾和单尾检验的原假设和备择假设如下：

$H_0:\mu_1=\mu_2 \qquad H_a:\mu_1\neq\mu_2$

$H_0:\mu_1\geqslant\mu_2 \qquad H_a:\mu_1<\mu_2$

$H_0:\mu_1\leqslant\mu_2 \qquad H_a:\mu_1>\mu_2$

下标 1 和 2 分别表示取自第一个总体的样本和取自第二个总体的样本。这两个样本是相互独立的。

在开始做假设检验之前，我们先要区分两种情况：第一种，两总体方差未知但假定相等（$\sigma_1^2=\sigma_2^2$）；第二种，两总体方差未知且假定不相等（$\sigma_1^2\neq\sigma_2^2$）。

对于第一种情况，我们用 t 检验，其自由度为 n_1+n_2-2。t 统计量的计算公式如下：

$$t_{n_1+n_2-2}=\frac{(\bar{x}_1-\bar{x}_2)-(\mu_1-\mu_2)}{\left(\frac{s_p^2}{n_1}+\frac{s_p^2}{n_2}\right)^{1/2}}$$

其中：

$$s_p^2=\frac{(n_1-1)s_1^2+(n_2-1)s_2^2}{n_1+n_2-2}$$

s_1^2 = 第一个样本的样本方差

s_2^2 = 第二个样本的样本方差

n_1 = 第一个样本的样本量

n_2 = 第二个样本的样本量

对于第二种情况，我们也用 t 检验，其自由度过于复杂，在此就不给出了。t 统计量的计算公式如下：

$$t=\frac{(\bar{x}_1-\bar{x}_2)-(\mu_1-\mu_2)}{\left(\frac{s_1^2}{n_1}+\frac{s_2^2}{n_2}\right)^{1/2}}$$

其中：

s_1^2 = 第一个样本的样本方差

s_2^2 = 第二个样本的样本方差

n_1 = 第一个样本的样本量

n_2 = 第二个样本的样本量

成对比较检验

上面我们讲了两个相互独立的正态分布总体的均值检验，两个样本是相互独立的。如果两个样本相互不独立，我们做均值检验时要使用成对比较检验（paired comparisons test）。成对比较检验也使用 t 检验来完成，双尾和单尾检验的原假设和备择假设如下：

$H_0:\mu_d=\mu_0$　　$H_a:\mu_d\neq\mu_0$

$H_0:\mu_d\geqslant\mu_0$　　$H_a:\mu_d<\mu_0$

$H_0:\mu_d\leqslant\mu_0$　　$H_a:\mu_d>\mu_0$

μ_d表示两个样本均值之差（$\mu_d = \mu_1 - \mu_2$）。为常数，μ_0通常等于0。t统计量的自由度为$n-1$，计算方法如下：

$$t = \frac{\overline{d} - \mu_0}{s_{\overline{d}}}$$

其中，$\overline{d}$是样本差的均值。我们取得两个成对的样本之后，对应相减，就得到一组样本差数据，求这一组数据的均值，就是$\overline{d}$。$s_{\overline{d}}$是$\overline{d}$的标准误，即$s_{\overline{d}} = \frac{s_d}{\sqrt{n}}$。

【全真模拟】An analyst conducted a hypothesis test to determine if the mean return of Chinese stocks is larger than the mean return of US stocks. He developed the following information:

Value of the test statistic	2. 8092
Critical value at the significance level	2. 58

The analyst conducted a:

A. one – tailed test and can reject his null hypothesis

B. two – tailed test and can reject his null hypothesis

C. one – tailed test and can not reject his null hypothesis

D. two – tailed test and can not reject his null hypothesis

【名师详解】要检验中国股票的平均收益率是否大于美国股票的平均收益率，原假设应为：中国股票的平均收益率≤美国股票的平均收益率。这是一个单尾检验。由于检验统计量大于关键值，它落在拒绝域，因此拒绝原假设。

【答案】A

单个总体方差的假设检验

上面我们讲的都是关于总体均值的假设检验，下面我们要讲关于总体方差的假设检验。首先是关于单个总体方差是否等于（或大于等于、小于等于）某个常数 σ_0 的假设检验。我们要使用 χ^2 检验（chi – square test）。χ 是希腊字母，中文翻译为“卡方检验”。双尾和单尾检验的原假设和备择假设如下：

$H_0:\sigma^2=\sigma_0^2 \qquad H_a:\sigma^2\neq\sigma_0^2$

$H_0:\sigma^2\geqslant\sigma_0^2 \qquad H_a:\sigma^2<\sigma_0^2$

$H_0:\sigma^2\leqslant\sigma_0^2 \qquad H_a:\sigma^2>\sigma_0^2$

χ^2 统计量的自由度为 $n-1$，计算方法如下：

$$\chi^2=\frac{(n-1)s^2}{\sigma_0^2}$$

其中：s^2 为样本方差。

例 7 –3　某股票的历史月收益率的标准差为 5%，这一数据是基于 2003 年以前的历史数据测定的。现在，我们选取 2004 ~ 2006 年这 36 个月的月收益率数据，来检验其标准差是否还为 5%。我们测得这 36 个月的月收益率标准差为 6%。以显著性水平为 0.05，检验其标准差是否还为 5%，结果如何?

A. 不能拒绝原假设，因为 χ^2 统计量等于 50.4

B. 拒绝原假设，因为 χ^2 统计量等于 50.4

C. 不能拒绝原假设，因为 F 统计量等于 1.44

D. 拒绝原假设，因为 F 统计量等于 1.44

答案：B

①首先，我们要写出原假设和备择假设：H_0：$\sigma^2=0.0025$，H_a：$\sigma^2\neq0.0025$。

②其次，我们要决定使用哪种检验。由于是对单个总体方差的假设检验，因此应使用 χ^2 检验。

③接着，就要计算 χ^2 统计量：$\chi^2=(36-1)\times0.0036/0.0025=50.4$。

④接着，我们要查表计算 χ^2 关键值。我们要查 χ^2 表，我们知道显著性水平 $\alpha=0.05$，由于是双尾检验，两边拒绝域的面积都为 0.025。自由度为 35。因此，关键值为 16.791 和 46.979。

χ^2分布是不对称的分布，因此两个关键值也不是对称的。

⑤然后，我们比较χ^2统计量和χ^2关键值的大小。由于46.979 < 50.4，χ^2统计量落在拒绝域内，因此我们拒绝原假设。

⑥最后，我们陈述结论：该股票的标准差显著地不等于5%。

卡方分布

卡方分布（χ^2 distribution, chi - square distribution）是由伟大的统计学家皮尔森（Karl Pearson, 1857 ~ 1936）于1900年发现的。

若n个相互独立的随机变量均服从标准正态分布（也称独立同分布于标准正态分布），则这n个随机变量的平方和构成一个新的随机变量，其分布规律称为自由度为n的卡方分布。

卡方分布的性质主要有以下几点：

1. 卡方分布由其自由度完全描述。
2. 卡方分布的取值范围大于等于0。
3. 卡方分布是右偏的。

为什么从正态总体中抽取出的样本的方差服从卡方分布？

从正态总体进行一次抽样就相当于独立同分布的n个正态随机变量$x_1, x_2, \cdots, x_n$的一次取值，将n个随机变量针对总体均值与标准差进行标准化得$\xi_i = \frac{x_i - \mu}{\sigma}$（$i = 1, \cdots, n$），显然每个$\xi_i$都是服从标准正态分布的，因此按照卡方分布的定义，$\sum_{i=1}^{n} \xi_i^2 = \frac{\sum_{i=1}^{n}(x_i - \mu)^2}{\sigma^2}$应该服从自由度为$n$的卡方分布。

如果将其中的总体均值用样本均值代替，即得$\sum_{i=1}^{n} \xi_i^2 =$

$\frac{\sum_{i=1}^{n}(x_i-\bar{x})^2}{\sigma^2}$，它是否也服从卡方分布呢？理论上可以证明，它是服从卡方分布的，但是自由度不是 n 而是 $n-1$ 了，因为它是 $n-1$ 个独立同分布于标准正态分布的随机变量的平方和。

我们常常把一个式子中独立变量的个数称为这个式子的"自由度"，确定一个式子自由度的方法是：若式子包含有 n 个独立的随机变量，和由它们所构成的 k 个样本统计量，则这个表达式的自由度为 $n-k$。比如其中包含 x_1，x_2，…，x_n这 n 个独立的随机变量，同时还有它们的均值 $\bar{x}=\frac{1}{n}\sum_{i=1}^{n}x_i$ 这一统计量，因此自由度为 $n-1$。

【全真模拟】Sheryl Roche is now analyzing the risk of ABC stock. She uses standard deviation of stock return to measure risk and assumes the stock return is normally distributed. Which type of test should she use to test if the standard deviation of the return is larger than 8%?

A. χ^2 – test and the null hypothesis is that the population standard deviation is larger than 8%

B. χ^2 – test and the null hypothesis is that the population standard deviation is no more than 8%

C. F – test and the null hypothesis is that the population standard deviation is larger than 8%

【名师详解】检验单个正态分布总体的方差，用 χ^2 检验。CFA 考试不太可能要你真的做一个假设检验（计算检验统计量和关键值），而是问你做哪一种检验。

要检验总体标准差是否大于 8%，原假设为总体标准差小于等于 8%。记住，等号永远在原假设一边。

【答案】B

检验两个总体方差是否相等

我们想知道两个相互独立的正态分布总体的方差是否相等，可以使用 F 检验来完成。双尾和单尾检验的原假设和备择假设如下：

$H_0:\sigma_1^2=\sigma_2^2 \qquad H_a:\sigma_1^2\neq\sigma_2^2$

$H_0:\sigma_1^2\geqslant\sigma_2^2 \qquad H_a:\sigma_1^2<\sigma_2^2$

$H_0:\sigma_1^2\leqslant\sigma_2^2 \qquad H_a:\sigma_1^2>\sigma_2^2$

下标 1 和 2 分别表示取自第一个总体的样本和取自第二个总体的样本。

F 统计量的自由度为 n_1-1 和 n_2-1，计算方法如下：

$$F=\frac{s_1^2}{s_2^2}$$

其中：s_1^2和 s_2^2分别为第一个样本和第二个样本的样本方差。请记住，永远把较大的一个样本方差放在分子上（$s_1^2>s_2^2$），即 F 统计量永远大于1。如果我们这样做了的话，我们就只需考虑右边的拒绝域，而不管 F 检验是单尾检验还是双尾检验。请记住，不管你做的 F 检验是单尾检验还是双尾检验，其拒绝域只在右边一边。

F 分布有两个自由度，分子自由度（n_1-1）和分母自由度（n_2-1）。哪个样本的样本方差在分子上，分子自由度就是哪个样本的样本量减 1。哪个样本的样本方差在分母上，分母自由度就是哪个样本的样本量减 1。

例 7 – 4 我们想检验 IBM 股票和 HP 股票的月收益率的标准差是否相等。我们选取 2004～2006 年这 36 个月的月收益率数据，我们测得 IBM 股票和 HP 股票的月收益率标准差分别为 5% 和 6%。以显著性水平为 0.05，假设检验的结果如何？

A. 不能拒绝原假设，因为χ^2统计量等于50.4

B. 拒绝原假设，因为χ^2统计量等于50.4

C. 不能拒绝原假设，因为F统计量等于1.44

D. 拒绝原假设，因为F统计量等于1.44

答案：C

①首先，我们要写出原假设和备择假设：H_0：$\sigma_1^2 = \sigma_2^2$，H_a：$\sigma_1^2 \neq \sigma_2^2$。

②其次，我们要决定使用哪种检验。由于是对两个总体方差的假设检验，因此应使用F检验。

③接着，就要计算F统计量。因为HP股票的月收益率标准差较大，我们要把HP股票的月收益率方差放在分子上。$F = 0.0036/0.0025 = 1.44$。

④接着，我们要查表计算F关键值。我们要查F表，我们知道显著性水平$\alpha = 0.05$，虽然是双尾检验，但是我们只考虑右边的拒绝域，面积为0.025。分子自由度和分母自由度都为35（F分布表中没有35的自由度，以最近的30或40查表均可，在此以30为例），因此，关键值为2.07。

⑤然后，我们比较F统计量和F关键值的大小。由于$1.44 < 2.07$，F统计量没有落在拒绝域内，因此我们不能拒绝原假设。

⑥最后，我们陈述结论：IBM股票和HP股票的月收益率的标准差没有显著地不相等。

F 分布

F分布（F - distribution）是最伟大的统计学家费雪（Sir Ronald Aylmer Fisher，1890～1962）发现的。F分布以费雪姓氏开头字母F命名。

F分布定义为：设X、Y为两个独立的随机变量，X服从自由度为m的卡方分布，Y服从自由度为n的卡方分布，这两个随机变量相除以后得到新的随机变量，即服从自由度为（m，n）的 F 分布。m 和 n 分别称为分子自由度和分母自由度。

F 分布的性质主要有以下几点：

1. F 分布由两个自由度（分子自由度和分母自由度）完全描述。

2. F 分布的取值范围大于等于0。

3. F 分布是右偏的。

【全真模拟】Sheryl Roche is now analyzing the risks between US stock market and UK stock market. She uses variance of stock return to measure risk and assumes the stock returns of the two countries are both normally distributed. Which type of test should she use to test if the variances of the two populations are equal?

A. t – test

B. χ^2 – test

C. F – test

【名师详解】检验两个正态分布总体的方差是否相等，用 F 检验。CFA 考试不太可能要你真的做一个假设检验（计算检验统计量和关键值），而是问你做哪一种检验。

【答案】C

参数检验和非参数检验

以上我们所学的假设检验都是参数检验。参数检验（parametric test）是关于总体参数的检验，一般需要假设总体的分布。例如上面 4 种假设检验都是关于总体均值或总体方差的检验，假设总体服从正态分布。

非参数检验（nonparametric test）要么不是关于总体参数的

检验，要么没有假设总体的分布。例如检验总体是否具有某种趋势，且未知总体分布。在 CFA 二级内容中我们将会接触到一些非参数检验，但对一级考生来说，非参数检验已经超出考试范围。

置信区间估计

总体均值的置信区间

估计分为两种：点估计（point estimate）和置信区间估计（confidence interval estimate）。比如，我们估计明天中午 12 点的温度是 25 度，这就是点估计。如果我们估计明天中午 12 点的温度在 23 度到 27 度之间，这就是区间估计。

我们在估计总体均值的时候，用样本均值作为总体均值的估计，这就是点估计。现在，我们要计算总体均值的区间估计。

区间估计与假设检验其实是一样的，如果你已经掌握了以上的假设检验，那么你会很容易理解区间估计。

在做置信区间估计之前，我们必须先规定一个置信度（confidence level），例如 95%。置信度以概率 $1-\alpha$ 表示，这里的 α 就是假设检验里的显著性水平（significance level）。因此，95% 的置信度就相当于 5% 的显著性水平。

置信区间估计的一般公式为：点估计 ± 关键值 × 点估计的标准差

对于总体均值的置信区间估计，公式为：样本均值 ± 关键值 × 样本均值的标准误

$$\bar{x} \pm z_{\frac{\alpha}{2}} \times \frac{s}{\sqrt{n}}$$

这里的关键值就是以显著性水平 α 做双尾检验的关键值

(注意：只取正的关键值)。关键值是 z 关键值或者 t 关键值（上面公式以 z 关键值为例，下标 $\alpha/2$ 表示双尾检验的关键值)。究竟是 z 关键值还是 t 关键值需要用表 7－3 判别：

表 7－3

	正态总体，$n<30$	$n \geq 30$
已知总体方差（σ^2）	z	z
未知总体方差	t	t 或 z

此表与单个总体均值假设检验中的表格是完全一样的。

例 7－5 有一个机器，专门生产一种零件。我们随机抽取了机器生产出的 100 个零件，得到其平均长度为 9.9 厘米，其标准差为 0.55 厘米。零件长度的 95% 置信度的置信区间是什么？

A. [9.7922, 10.0078]

B. [8.8, 11]

C. [9.845, 9.955]

D. [9.8922, 10.1078]

答案：A

样本均值为 9.9。关键值即为前例中的关键值 1.96（只取正关键值)。样本均值的标准误也为前例中的标准误 0.55/10 = 0.055。

95% 置信度的置信区间为 9.9 ± 1.96 × 0.055，即 [9.7922, 10.0078]。

置信区间的含义是：我们有 95% 的信心说，总体均值落在 [9.7922, 10.0078] 的区间内。

我们在前例中做零件长度均值是否等于 9.9 厘米的假设检验，我们没有拒绝原假设，即认为零件长度并未显著地不等于 9.9 厘米。同时我们发现，9.9 被包含在置信区间 [9.7922, 10.0078] 中。如果被假设的常数被包含在置信区间中，我们就不能拒绝原假设，即认为总体均值与该常数没有显著差异。

同样的，如果被假设的常数没有被包含在置信区间中，我们就可以拒绝原假设，即认为总体均值与该常数有显著差异。例如，我们可以检验零件长度均值是否等于10.1厘米。我们会拒绝原假设，即认为零件长度显著地不等于10.1厘米，因为10.1不在置信区间［9.7922，10.0078］中。

因此，我们说置信区间估计与假设检验本质上是一样的，我们可以用置信区间估计来代替（双尾的）假设检验。

总体均值置信区间的宽度

置信区间的宽度是指置信区间的上限与下限之差。根据总体均值置信区间的公式：$\bar{x} \pm z_{\frac{\alpha}{2}} \times \frac{s}{\sqrt{n}}$，总体均值置信区间的宽度即为：$2 \times z_{\frac{\alpha}{2}} \times \frac{s}{\sqrt{n}}$。

样本均值（$\bar{x}$）为总体均值置信区间的中心点，与宽度无关。

CFA协会最喜欢出的关于置信区间估计的题目，就是置信区间宽度与一些参数的关系。表7－4总结了总体均值置信区间宽度与这些参数的关系，其中“＋”表示正相关，“－”表示负相关：

表7－4

	置信区间宽度
置信度（confidence level）$1-\alpha$	+
显著性水平（significance level）α	–
样本量（sample size）n	–
自由度（degrees of freedom）$n-1$	–
样本方差/标准差（sample variance/standard deviation）s	+

【全真模拟】Which of the following changes in confidence level and sample size, respectively, is most likely to result in an increase in the width of the confidence interval for the population mean?

	confidence level	sample size
A.	Increase	Increase
B.	Increase	Decrease
C.	Decrease	Increase

【名师详解】置信度与总体均值置信区间的宽度正相关。置信度越大，就需要更宽的置信区间以使得“套住”总体均值的概率变大。

样本量与总体均值置信区间的宽度负相关。样本量越大，即调查得越精确，则置信区间较窄。

因此，要使得置信区间的宽度变大，置信度必须变大，而样本量则变小。

【答案】B

本章重要考点

考点一：区别双尾检验和单尾检验，第一类错误和第二类错误。

考点二：掌握原假设的确定原则，使用检验统计量和关键值做单个总体均值的假设检验。

考点三：掌握总体均值置信区间宽度与一些参数的关系。

第八章　技术分析

技术分析与基本分析

股票分析方法主要分两种：技术分析（technical analysis）和基本分析（fundamental analysis）。

技术分析法主要分析历史数据，以预测股价未来走势。技术分析学派的创始人是道琼斯公司的共同创立者、《华尔街日报》创始人和首位编辑查尔斯·亨利·道（Charles Henry Dow，1851～1902）。1900～1902年，道先生在《华尔街日报》发表许多社论，讨论股票投机的方法。1902年12月查尔斯·道逝世，华尔街日报记者将其见解编成《投机初步》一书，从而奠定了技术分析的基础。

基本分析法通过对决定股票内在价值和影响股票价格的宏观经济形势、行业状况、公司经营状况等进行分析，评估股票的投资价值和合理价值，与股票市场价格进行比较，相应形成买卖的建议。基本分析学派的创始人是证券分析之父本杰明·格雷厄姆（Benjamin Graham，1894～1976），1934年他与大卫·多德（David Dodd）合著《有价证券分析》一书，奠定了基本分析的理论基础。巴菲特正是在看了《有价证券分析》后才决定选择哥伦比亚大学就读，并终生追随格雷厄姆。

CFA着重考察基本分析，即通过分析公开信息给资产定价。

在此，我们以非常简略的方式阐述技术分析，给读者一个基本的框架。

技术分析与基本分析的对比如表 8－1：

表 8－1

技术分析	基本分析
分析市场和证券交易	分析企业、行业和宏观经济状况
仅需要价格和成交量数据	需要企业全部基本面数据以及外部数据
假设价格已经反映了所有基本面信息	没有该假设
价格和成交量数据比较客观	财务等数据需要估计和假设
更加实际	更加理论，计算证券内在价值
预测证券价格将会是多少	计算证券价格应该是多少

在商品市场和外汇市场，技术分析的应用比基本分析更为广泛，因为这些投资工具没有财务报表，也难以预测未来现金流，基本分析的定价公式应用困难。

技术分析的前提假设

1. 价格由供求决定。
2. 供求的改变会引起价格的变化。
3. 图表和其他技术分析工具可以被用来预测价格。

技术分析的原理

1. 技术分析是研究所有投资者感情或心理的总和。
2. 技术分析是研究市场形态或趋势。

3. 所有投资者感情或心理的总和将会反映在他们的买卖行为上。

4. 买卖交易决定了交易量和价格。

5. 价格变化发生在基本面变化之前。

6. 股票市场能比宏观经济拐点提前约6个月。

技术分析的局限性

1. 仅需要价格和成交量数据，不考虑基本面数据。

2. 需要流动性大的、自由交易的市场。

技术分析工具

图表（charts）

1. 线状图（line chart）。以曲线标示证券价格走势，例如每日的分时走势图。

2. 柱状图（bar chart）。开高低收四个指标。左边横线表示开盘价，右边横线表示收盘价，竖线最上方表示最高价，最下方表示最低价。

3. 蜡烛图，也称K线图（candlestick chart）。比柱状图增加了颜色标示，称为阳线和阴线，区别今日是涨是跌。通常阳线的实体为空心，表示收盘价高于开盘价。阴线的实体为实心（涂黑），表示收盘价低于开盘价。无实体线（doji）表示开盘价和收盘价趋于相同。

4. 点数图，也称OX图（point and figure chart）。以O表示下跌，以X表示上涨的图。只考虑价格变动，不考虑时间因素。绘制OX图前，要先分析过去股价涨跌的大致幅度，订出基本的升降单位，当股价超过一个基本单位时，就在有方格的直角坐标上，纵坐标表示股价，横坐标则无名称（也可以表示一段时间，如一个月）。同一栏只画相同的符号，横坐标上的各栏则代表着显著的反转趋势，及当股价由上涨变为下跌或由下跌变为上涨时，必须在另一栏划上不同的记号。点数图缺乏时间尺度，并忽视价格的微小变化。

5. 坐标刻度（scale）。纵坐标为价格，分为线性的和指数形式的（价格变动的百分比）。横坐标表示时间，证券价格波动率越大，则横坐标的时间应该越短。

6. 成交量（volume）。成交量柱状图常在价格图形下方，用以确定价格趋势的可靠程度。成交量越大，表示价格趋势越可靠。

7. 时间期间（time intervals）。短期投资者喜欢短期的图（如一分钟图），长期投资者喜欢长期的图（日图等）。

8. 相对强弱分析（relative strength analysis）。个股价格除以股指点数，用以判断个股价格相对于基准股指的强弱。

趋势（trends）

1. 上升趋势（uptrend）。价格持续上升的趋势，最高价和最低价持续上升。

2. 下降趋势（downtrend）。价格持续下降的趋势，最高价和最低价持续下降。

3. 横向趋势（sideways trend）。价格在一定区间内上下摇摆不定。

4. 支撑位（support level）。在该价格附近买单踊跃，价格难以跌破该价格水平。

5. 阻力位（resistance level）。在该价格附近卖单踊跃，价格难以突破该价格水平。

6. 属性变换原则（change in polarity principle）。支撑位一旦突破，就变成阻力位。反之亦然。

【全真模拟】The resistance level signifies the price at which a stock's supply would be expected to:

A. Increase substantially

B. Decrease substantially

C. Cause the stock price to "break out."

【名师详解】阻力位阻止价格上升，在该价格附近卖单踊跃，即股票的供应量会显著增长。

【答案】A

形态（chart patterns）

1. 反转形态（reversal patterns）。所谓反转形态，就是一旦走出这种形态，价格趋势很有可能要反转。反转形态主要有以下5种：

（1）头肩顶（head and shoulders）。分左肩、头部和右肩。随着头肩顶形态的完成，反转下跌的行情便正式开始。

（2）头肩底（inverse head and shoulders）。分左肩、头部和右肩。随着头肩底形态的完成，反转上涨的行情便正式开始。

（3）双重顶（double top）。被称为M顶。理想的双重顶具有两个显著的峰，且其价格水平大致相同。交易量倾向于在第一个峰时较重。而在第二峰时较轻。随着双重顶形态的完成，反转下跌的行情便正式开始。

（4）双重底（double bottom）。被称为W底。随着双重底形态的完成，反转上涨的行情便正式开始。

（5）三重顶/底（triple top/bottom）。类似于双重顶和双重底。一般来说，持续时间越长，反转次数越多，形态越可靠。

2. 持续形态（continuation patterns）。所谓持续形态，就是一旦走出这种形态，价格趋势很有可能会继续持续。持续形态主要有以下 4 种：

（1）三角形态（triangle patterns）。

上升三角形态：底部形成上升趋势线，峰部形成水平趋势线。股价将持续上升趋势。

下降三角形态：底部形成水平趋势线，峰部形成下降趋势线。股价将持续下降趋势。

对称三角形态：底部形成上升趋势线，峰部形成下降趋势线。对称三角形情况大多是发生在一个大趋势进行的途中，它表示原有的趋势暂时处于休整阶段，之后还要随着原趋势的方向继续行动。由此可见，见到对称三角形后，股价今后走向最大可能是沿原有的趋势方向运动。

（2）矩形态（Rectangle patterns）。与三角形态相似，但峰部和底部的趋势线互相平行，底部形成支撑位，峰部形成阻力位。

（3）旗形（flags）。在上升（下降）趋势中的一个较短的下降的通道。与矩形态相比，峰部和底部的趋势线不平行，且时间较短。

（4）三角旗形（pennants）。类似于对称三角形，但峰部和底部趋势线的坡度大，即形态持续的时间较短。

【全真模拟】Which of the following chart patterns most likely indicates continuation in price?

A. head and shoulders

B. rectangle patterns

C. double bottom

【名师详解】矩形态是持续形态，而头肩顶和双重底是反转形态。CFA 考试一般只考各种形态是属于哪一类形态，而不大可能考具体每一种形态的含义。

【答案】B

技术指标（Technical Indicators）

1. 基于价格的指标（price - based indicators）。

（1）移动平均线（moving average）。过去几日收盘价的移动平均值。移动平均线的好处是忽略短期波动，因此波动率较小，较平滑。

如果股价一直上升，则移动平均线在K线图的下方；如股价一直下降，则移动平均线在K线图的上方。

如价格接近移动平均线，移动平均线可变成支撑位/阻力位。价格击穿移动平均线被视为买入/卖出信号：

黄金交叉（golden cross）：短期移动平均线由下向上击穿长期移动平均线，视为买入信号。

死亡交叉（dead cross）：短期移动平均线由上向下击穿长期移动平均线，视为卖出信号。

（2）布林线指标（Bollinger bands）。在移动平均线的基础上，根据收盘价的标准差，可以计算股价的置信区间。布林线指标完全就是置信区间估计在证券分析中的应用。股价信道的宽窄随着股价波动幅度的大小而变化。上轨线视为阻力位，下轨线视为支撑位。

2. 动量指标（momentum oscillators）。动量指标也是由价格计算而来，通常围绕某个数值波动，或在一个区间段内波动。动量指标数值极大或极小通常表示超买或超卖。动量指标与价格的趋势相同或相反也是重要的信号。

动量指标主要包括：

（1）价格变动率指标（rate of change oscillator，简称ROC）。为最近收盘价与几天前（如10天前）收盘价的变动率。如两者相减，数值在0左右波动；如两者相除再乘以100，数值在100左右波动。

ROC 指标上涨至大于 0（或大于 100）是买入信号；ROC 指标太高为超买信号。

ROC 指标趋势与股价趋势相反，是反转信号。

（2）相对强弱指数（relative strength index，简称 RSI）。

相对强弱指数：$RSI = 100 \times U/(U + D)$

U：前 n 日的升幅平均数；D：前 n 日的跌幅平均数。

RSI 指标在 0 到 100 之间。大于 70 为超买，小于 30 为超卖。

（3）随机指标，也称 KD 指标（stochastic oscillator）。KD 指标有两个指标值，称为 K 值和 D 值。K 值连线为快速平均线，D 值连线为慢速平均线。

快速平均线：$K 值 = 100 \times (C - L)/(H - L)$

C：最近收盘价；H：过去 14 日最高价；L：过去 14 日最低价。

慢速平均线：D 值：K 值的 3 日移动平均值。

K 值和 D 值取值范围为 0 到 100。

从 KD 指标的取值方面考虑：80 以上为超买区，20 以下为超卖区。

从 KD 指标交叉方面考虑：K 线在低位上穿 D 线为买入信号，K 线在高位下穿 D 线为卖出信号。

（4）MACD 指标（moving - average convergence/divergence oscillator）。是一项利用短期（常用为 12 日）移动平均线与长期（常用为 26 日）移动平均线之间的聚合与分离状况，对买进、卖出时机作出研判的技术指标。

MACD 线（MACD line）是短期移动平均线减去长期移动平均线的值。信号线（Signal line）是 MACD 线的（9 日）移动平均值。

MACD 线和信号线的取值范围为 0 附近，没有上下限。MACD 线和信号线交叉为趋势反转信号。

如果 MACD 指标与历史数据背离太多，为超买或超卖信号。

MACD 指标趋势与股价趋势相反，是反转信号。

3. 情感指标（sentiment indicators）。情感指标的作用是调查市场上的投资者的态度是买还是卖。情感指标主要包括：

(1) 倾向性调查 (opinion polls)。投资者对后市的看法。

(2) 统计方法计算的指数 (calculated statistical indices)。

看涨看跌期权比率 (put/call ratio)，看跌期权 (put option) 交易量除以看涨期权 (call option) 交易量。比率高表示超卖，则买入；比率低表示超买，则卖出。

芝加哥期权交易所波动率指数 VIX (CBOE Volatility Index)。VIX 指数度量近期的波动率。VIX 指数极低为超买，应卖出。

保证金购买 (margin debt)，即以保证金购买 (买空) 股票的借款额。

卖空 (short interest)，即卖空股票的量。

4. 资金流向指标 (flow of funds indicators)。

(1) 阿姆氏指标 TRIN (Arms index)，1976 年由 Richard Arms 发明，等于上市公司涨跌家数之比，除以涨跌股成交量之比。

阿姆氏指标若接近于 1，表示成交量均匀地流向上涨股和下跌股。

当阿姆氏指标低于 1 时，代表大部分成交量流向上涨股，一般被视为多头市场。相反的，当指标高于 1 时，代表大部分成交量流向下跌股，一般被视为空头市场。

(2) 保证金购买 (margin debt)。它也出现在了情感指标中。借的钱多了，视为买入信号。借的钱太多，为超买，因可借头寸有限，有卖出之虞。

(3) 共同基金现金头寸 (mutual fund cash position)。为共同基金持有现金的头寸，头寸多为买入信号，头寸少为卖出信号。

(4) 新股发行 (new equity issuance) 和增发 (secondary offerings)。发行的股票数量多，表示为顶部，将下跌。

【全真模拟】Bollinger bands are constructed based on the standard deviation of what historical data?

A. stock price

B. volume

C. stock return

【名师详解】布林线指标是基于价格的指标。在移动平均线的基础上，根据收盘价格的标准差，计算股价的置信区间。布林线指标完全就是置信区间估计在证券分析中的应用。

【答案】A

【全真模拟】Which of the following technical indicators most likely indicates momentum oscillators?

A. Arms index

B. relative strength index

C. Bollinger bands

【名师详解】相对强弱指数 RSI 是动量指标，而阿姆氏指标和布林线指标分别是资金流向指标和基于价格的指标。

【答案】B

【全真模拟】Which of the following technical indicators least likely indicates flow of funds indicators?

A. mutual fund cash position

B. margin debt

C. short interest

【名师详解】mutual fund cash position 是资金流向指标，margin debt 是资金流向指标和情感指标，short interest 是情感指标。请注意题中问最不可能是资金流向指标的是哪一个。

【答案】C

周期（cycles）

周期理论意在说明经济周期是不断循环的，证券交易应关注经济周期，不能逆潮流而动。周期理论主要包括：

1. 康德拉季耶夫长波理论（Kondratieff wave，简称 K wave）。俄国经济学家康德拉季耶夫 20 世纪 20 年代提出长波理论，说明西方宏观经济 54 年为一个周期。

2. 18 年周期（18 - year cycle）。3 个此周期构成一个长周期（康德拉季耶夫周期）。18 年周期主要适用于房地产行业。

3. 十年模式（decennial pattern）。股市 10 年一个周期。通常以 5 结束的年份（如 2015 年），股票收益率较高；而以 0 结束的年份（如 2020 年）股票收益率较低。

4. 总统大选周期（presidential cycle）。有学者根据美国总统大选的周期，将所有年份分为 4 类：选举年、选举后的第 1 年、第 2 年和第 3 年。经研究发现，股价表现在选举后的第 3 年最好，其次是选举年、第 1 年、第 2 年。

艾略特波浪理论

艾略特（Ralph Elliot，1871 ~ 1948）是波浪理论的创始者，他曾经是专业的会计师，专精于餐馆业与铁路业，由于中年染上重病，在 1927 年退休，长期住在加州休养。就在他休养的康复时期，他发展出自己的股价波浪理论，发现不断变化的股价结构性形态反映了自然和谐之美。艾略特在 1946 年发表的第二本著作就命名为《大自然的规律》（Nature's Law）。

要讲艾略特波浪理论，就要从斐波南希数列讲起。意大利数学家斐波南希（Fibonacci）在 13 世纪发表数列：0，1，1，2，3，5，8，13，21，34，55，89，144，233，……这一数列被称为斐波南希数列，它的规律是连续两个数字相加等于后面一个数字。

艾略特认为，宇宙万物，大到恒星行星，小到分子原子，其运行都符合斐波南希数列。比如说，你可以随便观察一棵小树，如果这棵树每年都在生长，第 2 年有 2 个分枝，第 3 年就有 3 个分枝，第4年5个，第5年8个。

其实早在2300多年以前，老子在《道德经》中就道出了神奇数列的真谛：“道生一，一生二，二生三，三生万物。”

波浪理论的波浪数就符合斐波南希数列。艾略特认为，一个完整的波动周期，即完成所谓从牛市到熊市的全过程，包括一个上升周期和一个下跌周期。上升周期由五浪构成，用1、2、3、4、5表示。其中1、3、5浪上涨，2、4浪下跌。下跌周期由三浪构成，用a、b、c表示，其中a、c浪下跌，b浪上升。与主趋势方向（即所在周期指明的大方向）相同的波浪我们称为推动浪，与主要运动方向相反的波浪称为调整浪。也就是说，在上升周期中，因为主趋势向上，那么1、3、5浪为推动浪，2、4浪为调整浪，是对上涨的调整；在下降周期中，因为主趋势向下，那么a、c浪为推动浪，b浪为调整浪，是对下跌的调整，即我们常说的反弹（如图8－1所示）。

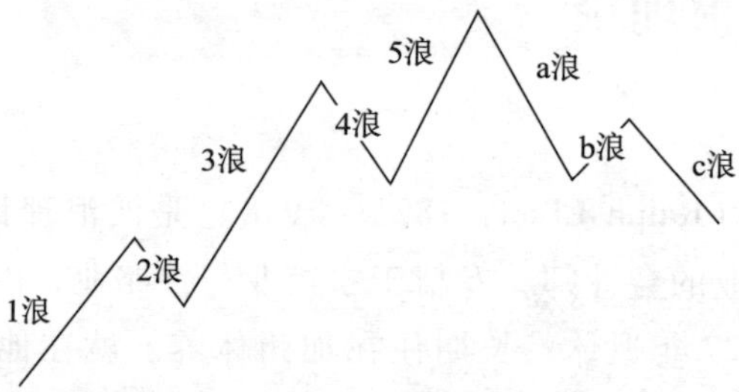

图8－1　艾略特波浪理论的波形图

在上述八个波浪完毕之后，一个循环即告完成，走势将进入下一个八波浪循环。市场走势将不断重复这一模式。波浪可合并为高一级的浪，亦可以再分割为低一级的小浪。艾略特波浪理论将不同规模的趋势分成九大类，长波可以持续100年以上，次波的期间相当短暂。

此外，在斐波南希数列中，任取相邻两神奇数字，将低位数字除以高位数字，其计算的结果会逐渐接近于0.618。数值位越高的数字，其比率会更接近于0.618。这就是黄金比率。例如，

89/144 = 0.618056，144/233 = 0.618026。

由神奇数字演变出来的重要比率：0.382、0.618 等是波浪理论中预测未来的高点或低点的重要工具。

【全真模拟】Elliott Wave Theory is an approach to market forecasting that assumes equity markets form:

A. repetitive wave patterns following Fibonacci ratios

B. stochastic wave patterns

C. Kondratieff wave patterns

【名师详解】艾略特波浪理论认为股票价格波动服从斐波南希数列及其比率，因此选项 A 正确。选项 B 和 C 分别为随机波动和康德拉季耶夫长波。

【答案】A

跨市分析

跨市分析（intermarket analysis）是指分析各个市场（股票、债券、商品、外汇）之间的关系。常用相对强弱分析（relative strength analysis）来找出最强的市场，或该市场中最强的证券。相对强弱分析也可以用来分析各个市场之间的关系，并作资产配置。

【全真模拟】To analyze intermarket relationships for different groups of securities, technicians often use:

A. relative strength analysis

B. Elliott Wave Theory

C. K wave

【名师详解】跨市分析常用相对强弱分析，因此选项 A 正确。选项 B 和 C 分别为艾略特波浪理论和康德拉季耶夫长波。

【答案】A

本章重要考点

考点一：区别技术分析和基本分析。

考点二：区分各种技术指标是属于基于价格、动量、情感或是资金流向的指标。

考点三：了解斐波南希数列和艾略特波浪理论的基本概念。

第二部分
CFA 二级定量方法

CFA 二级定量方法部分的考试占比为5% ~10%，即共一大题（6 小题）或两大题（12 小题）。它们都是推断性统计中用来预测的统计方法。大致可以分为两个部分：

第一部分，包括第一章和第二章，统称为回归分析（regression analysis）。当然，考试最主要考的是第二章的多元线性回归，即用多个自变量来预测因变量。

第二部分为第三章的时间序列分析（time - series analysis）。它与回归分析一脉相承，是用过去来预测未来。读者应从逻辑顺序着手，理顺各个时间序列模型的关系。

第九章　相关系数和一元线性回归

函数关系和相关关系

变量之间的关系分两种：函数关系和相关关系。

函数关系是一种确定的关系。例如，我们在高中里学过欧姆定律：$I = U/R$，解释为电流强度等于电压除以电阻。如果电阻为常数，那么电压和电流强度之间的关系就有以上严格的函数关系。

但是，世界上变量的关系更多的是相关关系。例如，人的身高和体重有相关关系，身高高的人往往重些，但身高和体重之间又没有什么严格的函数关系。

回归分析就是要用近似的函数关系来表示变量之间的相关关系。我们这里要学线性回归，就是要用近似的线性函数关系来表示变量之间的相关关系。要做线性回归，变量之间必须要有线性相关关系。线性相关关系是由相关系数来度量的，那么我们就来回忆一下前面学过的协方差和相关系数。

协方差和相关系数

我们有时候需要考虑两个随机变量之间的关系，那么我们就需要使用协方差和相关系数。

协方差

协方差（covariance）度量的是两个随机变量变动的同向性。我们以 $Cov(X, Y)$ 来表示随机变量 X 和 Y 的协方差，其定义为：

$$Cov(X,Y)=E[(X-E(X))(Y-E(Y))]=E(XY)-E(X)E(Y)$$

随机变量的协方差有以下性质：

性质1：随机变量自己与自己的协方差就是自己的方差。

$Cov(X, X)=Var(X)$

性质2：两个独立的随机变量的协方差为0。

$Cov(X, Y)=0$

性质3：协方差的取值范围为（$-\infty$，$+\infty$）。

协方差的取值范围为负无穷到正无穷，这是协方差的缺点，因为难以判断协方差的大小。因此，我们将协方差标准化，得到相关系数。

相关系数

相关系数（correlation coefficient）度量的是两个随机变量的线性相关性。我们常以 $\rho_{X,Y}$ 或者 $r_{X,Y}$ 来表示随机变量 X 和 Y 的相关系数，其定义为两个随机变量的协方差除以两个随机变量的标准差之积：

$$\rho_{X,Y}=\frac{Cov(X,Y)}{\sigma_X\sigma_Y}$$

相关系数是没有单位的，相关系数的取值范围为［－1，＋1］，这样就改进了协方差的缺点，相关系数可以判断大小了。相关系数的解释如表9－1：

表9－1

相关系数取值	解释
$\rho=1$	完全线性正相关
$0<\rho<1$	线性正相关
$\rho=0$	线性不相关
$-1<\rho<0$	线性负相关
$\rho=-1$	完全线性负相关

我们将变量 X 和 Y 的成对的取值（X_i，Y_i）在二维坐标轴上以一个个点标出，这个图称为 X 和 Y 的散点图（scatter plot）（如图9－1所示）。

从图9－1可以看出，如果变量 X 和 Y 完全线性正相关，那么其散点图上的点完全在一条直线上，且直线的斜率大于0（注意直线的斜率并不一定等于1）；如果变量 X 和 Y 完全线性负相关，那么其散点图上的点也完全在一条直线上，且直线的斜率小于0。如果变量 X 和 Y 线性正相关，那么其散点图上的点基本（但不完全）在一条直线上，且直线的斜率大于0；如果变量 X 和 Y 线性负相关，那么其散点图上的点也基本（但不完全）在一条直线上，且直线的斜率小于0。如果变量 X 和 Y 线性不相关，那么其散点图上的点可能毫无关系（如第5张图），也可能有其他函数（如二次函数）关系（如第6张图）。也就是说，如果变量 X 和 Y 的相关系数等于0，意味着 X 和 Y 没有线性相关性，但不代表 X 和 Y 没有关系。

我们要做线性回归，变量之间必须要有线性相关关系，即相关系数不等于0。如果变量之间没有线性相关关系，但有其他非线性关系，那么就要做非线性回归。如果变量之间没有任何相关

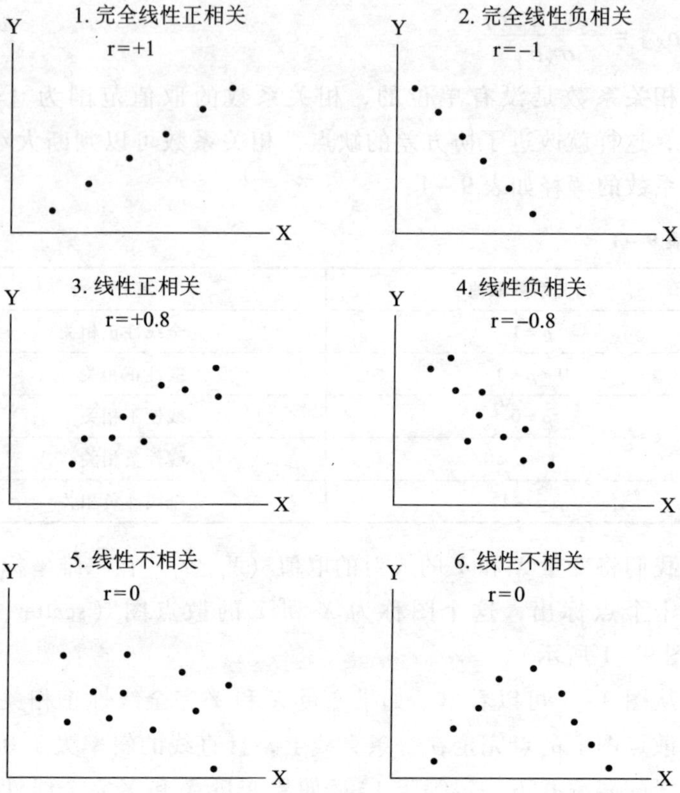

图 9－1　相关系数的散点图解释

关系，那么不能用来做回归。

相关系数分析的局限性

相关系数分析的局限性包括异常值、伪相关和非线性关系。

计算样本相关系数需要先取样本，取样本时可能取得一些（相对于其他样本观测值而言）特别大或者特别小的观测值，称为异常值（outlier）。异常值会对样本相关系数的计算产生很大的影响，从而对回归的结果产生很大影响。

即使两个变量在统计上显示出具有显著的线性相关关系，它们之间可能并不存在任何关系，这称为伪相关（spurious correlation）。换言之，两个毫无关系的变量，其相关系数可能显著不等于0。例如，中国每年参加高考的人数与中国每年患上艾滋病的人数之间呈现强烈的线性正相关，但是这两个变量之间并无关系。因此，变量之间有线性相关关系，并不一定就能用来做线性回归。要做线性回归，除了变量之间具有显著的线性相关关系之外，还必须有因果关系（即可以从经济意义上解释是一个变量的变化导致了另一个变量的变化）。例如，我们很难解释中国每年参加高考的人数与中国每年患上艾滋病的人数之间有什么因果关系（参加高考容易导致艾滋病?），因此我们不能使用这两个变量做线性回归。

相关系数等于0，意味着变量之间没有线性相关性，但不代表变量之间没有关系，它们之间可能有非线性关系（nonlinear relationship）。以 $Y=\sin X$ 为例，随机变量 X 和 Y 没有线性关系，相关系数为0，但两个随机变量有非线性关系。相关系数分析只能考察变量之间的线性相关性，而不能分析非线性关系。

相关系数的显著性检验

如前所述，要做线性回归，必要条件是变量之间必须要有线性相关关系，即相关系数不等于0。我们如何能知道两个变量之间是否有线性相关关系呢？一种方法就是画出散点图来看，这种方法有点主观。另一种方法就是这里要介绍的相关系数的显著性检验（significance test of the correlation）。

我们的原假设是总体相关系数等于0（H_0：$\rho=0$），备择假设是总体相关系数不等于0（H_a：$\rho\neq0$）。这个假设检验就称为相关系数的显著性检验。如果我们能够拒绝原假设，就说明两个变量之间有线性相关关系，我们就能继续做线性回归。如果我们不能够拒绝原假设，就说明两个变量之间没有线性相关关系，我们就不能做线性回归。因此，我们的目的是要拒绝原假设。

这是一个 t 检验，t 统计量自由度为 $n-2$，计算公式为：

$$t=\frac{r\sqrt{n-2}}{\sqrt{1-r^2}}$$

其中：r 为样本相关系数，n 为样本量。我们常用 ρ 表示总体相关系数，用 r 表示样本相关系数。

例 9－1 随机变量 X 和 Y 的协方差为 16，X 的标准差为 4，Y 的标准差为 8。样本量为 20，以显著性水平为 0.05，作假设检验，看 X 和 Y 是否具有线性相关性。

A. 拒绝原假设，因此 X 和 Y 不具有线性相关性。

B. 拒绝原假设，因此 X 和 Y 具有线性相关性。

C. 不能拒绝原假设，因此 X 和 Y 不具有线性相关性。

答案：B

①首先，我们要写出原假设和备择假设：H_0：$\rho=0$，H_a：$\rho\neq0$。

②其次，我们要决定使用哪种检验。相关系数的显著性检验用 t 检验。

③接着，就要计算 t 统计量。首先计算样本相关系数为 $r=16/(4\times8)=0.5$。t 统计量为：

$$t=0.5\times\sqrt{20-2}/\sqrt{1-0.25}=2.45$$

④接着，我们要查表计算 t 关键值。我们知道显著性水平 $\alpha=0.05$，双尾检验，拒绝域在两边，自由度等于 18（$=20-2$），查表求得关键值为 2.101。

⑤然后，我们比较 t 统计量和 t 关键值的大小。由于 $2.45>2.101$，t 统计量落在拒绝域内，因此我们拒绝原假设。

⑥最后，我们陈述结论：随机变量 X 和 Y 具有线性相关性，可以用来做线性回归。

※小窍门：t 关键值的绝对值一般在 2 附近。如果你计算得到的 t 统计量的绝对值明显大于 2（例如大于 4），那么你不必查

表就可以放心地拒绝原假设。如果你计算得到的 t 统计量的绝对值明显小于2（例如小于 1.28），那么你肯定不能拒绝原假设。考试的时候卷子上往往没有 t 表，你需要凭此判断。

【全真模拟】An analyst conducted a significance test to determine if the relationship between two variables was real or the result of chance, His null hypothesis is that the population correlation coefficient is equal to zero and his alternative hypothesis is that the population correlation coefficient is different from zero. He developed the following information:

Value of the test statistic	2.8092
Critical value at the 0.05 significance level	1.96
critical value at the 0.01 significance level	2.58

The analyst conducted a :

A. One – tailed test and can reject his null hypothesis

B. Two – tailed test and can reject his null hypothesis

C. One – tailed test and cannot reject his null hypothesis

【名师详解】原假设为等于，备择假设为不等于，这是一个双尾检验。由于检验统计量大于任何一个关键值，因此要拒绝原假设，即认为总体相关系数显著不等于0。

【答案】B

一元线性回归基础

自变量和因变量

如前所述，线性回归就是要用近似的线性函数关系来表示变量之间的线性相关关系。一元线性回归的回归模型如下：

$$Y_i = b_0 + b_1 X_i + \varepsilon_i$$

我们把 X 称为自变量（independent variable），Y 称为因变量（dependent variable），ε 称为残差项（residual）或误差项（error）。我们做回归的目的是要用 X 的变动来解释 Y 的变动。“一元”指的是只有 1 个自变量 X，“线性回归”指的是回归方程是一条直线（即 X 是一次方的）。

回归方程：截距和斜率

我们可以画出两个随机变量 X 和 Y 的样本的散点图，图中的每一个点表示样本中的一个个体（X_i，Y_i）。接下来，我们要找一条适当的直线来描述 X 和 Y 之间的关系，我们把找这条直线的方法称为最小二乘法（OLS）。简单地说，最小二乘法就是找这样一条直线，使得每个点到直线的距离的平方和最小。

最终我们找到了这样一条直线，它的截距为 $\hat{b}_0$，斜率为 $\hat{b}_1$，符号上面的帽子“^”表示“估计值”。因此，我们得到回归结果如下：

$$\hat{Y}_i = \hat{b}_0 + \hat{b}_1 X_i$$

在这里我们不要求你了解最小二乘法的具体估值原理，也不要求了解截距和斜率如何计算，你只需知道如何解释截距和斜率。截距（intercept）的含义是：当 X 等于 0 时，Y 的值。斜率（slope）的含义是：如果 X 增加 1 个单位，Y 增加几个单位。因此，斜率也被称为敏感度（sensitivity）。

因变量的预测值

回归的目的就是为了预测因变量 Y。已知截距和斜率的估计值，如果得到了自变量 X 的预测值，我们就很容易求得因变量 Y

的预测值。

例 9-2　某公司的分析师根据历史数据，做了公司销售额增长率关于 GDP 增长率的线性回归分析，得到截距为 -3.2%，斜率为 2。国家统计局预测今年 GDP 增长率为 9%，问该公司今年销售额增长率预计为多少？

A. 11.8%

B. 14.8%

C. 15.4%

答案：B

$Y = -3.2\% + 2X = -3.2\% + 2 \times 9\% = 14.8\%$

一元线性回归的假设

任何模型都有前提假设，一元线性回归模型有以下 6 条假设：

1. 自变量 X 和因变量 Y 之间存在线性关系。如前所述，这是最基本的前提条件。

2. 残差项 ε_i 的期望值为零。残差 ε 是真实的 Y 值与回归直线预测的 Y 值之差（即 $\varepsilon_i = Y_i - \hat{Y}_i$），即预测的误差。如果真实的 Y 值大于预测的 Y 值（即散点图上该点在回归直线上方），那么残差就大于 0；如果真实的 Y 值小于预测的 Y 值（即散点图上该点在回归直线下方），那么残差就小于 0。残差的期望值为 0，意味着有些点在回归直线上方，有些点在回归直线下方，且较均匀地围绕回归直线，这符合常理。如果残差的期望值不为 0，而为某一常数 a，那么回归直线的截距就应该改为 $\hat{b}_0 + a$，以使残差的期望值为 0。

3. 自变量 X 与残差项 ε_i 不相关。残差项本身就是 Y 的变动中不能被 X 的变动所解释的部分。如果残差项与自变量 X 相关，例如 $\varepsilon = 2X$，那么回归直线的斜率就应该改为 $\hat{b}_1 + 2$。

4. 残差项 ε_i 的方差为常数。这称为同方差性（homoskedasticity）。如果残差项的方差不恒定，称为异方差性（heteroskedasticity）。

5. 残差项与残差项之间不相关。如果残差项与残差项之间相关，称为自相关（autocorrelation）或序列相关（serial correlation）。

6. 残差项 ε_i 为正态分布随机变量。

方 差 分 析

方差分析表

做完了一个回归模型之后，我们通常想要知道回归模型做得好不好。方差分析（Analysis of Variance，简称 ANOVA）可以用来评价回归模型的好坏。方差分析是费雪（Sir R. A. Fisher，1890～1962）发明的。方差分析是在可比较的数组中，把数据间的总的“变动”按各指定的变动来源进行分解的一种技术。对变动的度量，采用离差平方和。方差分析方法就是从总离差平方和分解出可追溯到指定来源的部分离差平方和。

方差分析的结果是一张方差分析表（ANOVA Table）。我们可以从方差分析表里求得决定系数和估计的标准误，用来评价回归模型的好坏。

一元线性回归的方差分析表如表 9－2：

回归的自由度为 k，k 代表自变量的个数。我们在做一元线性回归，所以自变量的个数为 1。误差的自由度为 $n-2$，n 是样本量。总自由度为以上两个自由度之和。

总平方和（SST）代表总的变动，回归平方和（RSS）代表

表 9-2

	自由度（df, degrees of freedom）	平方和（SS, sum of squares）	均方和（MS, mean sum of squares）
回归（Regression）	$k=1$	回归平方和（RSS）	回归均方和（MSR）$=RSS/k$
误差（Error）	$n-2$	误差平方和（SSE）	误差均方和（MSE）$=SSE/(n-2)$
总和（Total）	$n-1$	总平方和（SST）	—

可以被回归方程解释（即可以被自变量解释）的变动，误差平方和（SSE）代表不可以被回归方程解释（即被残差所“解释”）的变动。总平方和为以上两个平方和之和，即：$SST=RSS+SSE$。

均方和等于各自的平方和除以各自的自由度。回归均方和 $MSR=RSS/k$，由于 $k=1$，所以在一元线性回归中，$MSR=RSS$。误差均方和 $MSE=SSE/(n-2)$。

几乎所有的统计软件都能输出方差分析表。有了方差分析表，你能很容易求得决定系数和估计的标准误。

决定系数

决定系数（coefficient of determination，简称 R^2）等于回归平方和除以总平方和，公式为：

$$R^2=\frac{RSS}{SST}=1-\frac{SSE}{SST}$$

决定系数的含义是：X 的变动可以解释多少比例的 Y 的变动。例如，R^2 等于 0.7 的含义是：X 的变动可以解释 70% 的 Y 的变动（the variation of X can explain 70% of the variation of Y），或者说 30% 的 Y 的变动不能被 X 的变动所解释（30% of the variation of Y cannot be explained by the variation of X）。请记住，我们是用 X 来解释 Y。

$$R^2 = \frac{可以被解释的变动}{总的变动} = 1 - \frac{不可以被解释的变动}{总的变动}$$

显然，决定系数越大，表示回归模型越好。

另外，对于一元回归，决定系数还等于自变量 X 和因变量 Y 的样本相关系数 r 的平方，即：$R^2 = r^2$。

估计的标准误

估计的标准误（standard error of estimate，简称 SEE）等于残差均方和的平方根，公式为：

$$SEE = \sqrt{\frac{SSE}{n-2}} = \sqrt{MSE}$$

SSE 是残差的平方和，MSE 就相当于残差的方差，而 SEE 就相当于残差的标准差。显然，估计的标准误越小，表示回归模型越好。

例 9－3 我们做了一个线性回归模型，得到如下方差分析表：

	df	*SS*	*MS*
Regression	1	8000	8000
Error	50	2000	40
Total	51	10000	—

则决定系数和估计的标准误分别为多少？

A. 0.8，40

B. 0.8，6.32

C. 0.2，40

D. 0.2，6.32

答案：B

决定系数 $R^2 = 8000/10000 = 0.8$。说明 X 的变动可以解释 80% 的 Y 的变动。估计的标准误 $SEE = 40^{0.5} = 6.32$

【全真模拟】Amanda Huang，CFA，is an analyst of the ABC

Fund. She is writing a research report about the U. S. base metal industry. The dependent variable for the model is the monthly return for a base metal equity index for the previous 120 months. The independent variable is the monthly returns for the DJIA. R^2 of the model is 0. 36.

In assessing how well her regression model explains electric utility equity index returns, Huang's most appropriate conclusion is that:

A. 16 percent of the variation in index returns is explained by the regression model

B. 36 percent of the variation in index returns is explained by the regression model

C. 40 percent of the variation in index returns is not explained by the regression model

D. 60 percent of the variation in index returns is not explained by the regression model

【名师详解】R^2等于 0. 36 意味着 36% 的因变量（指数收益率）的变动可以被自变量的变动所解释，也就是可以被回归模型所解释，即 64% 不能被解释。

【答案】B

回归系数的假设检验

回归系数的假设检验是指检验回归系数（截距和斜率）是否等于某个常数。通常我们要检验斜率系数是否等于 0（H_0：$b_1=0$），这称为斜率系数的显著性检验（significance test of the slope coefficient）。如果不能拒绝原假设，即斜率系数没有显著的不等于 0，那么就说明自变量 X 和因变量 Y 的线性相关性不大，回归是失败的。

这是一个 t 检验，t 统计量自由度为 $n-2$，计算公式为：

$$t = \frac{\hat{b}_1}{s_{\hat{b}_1}}$$

其中 $s_{\hat{b}_1}$ 为斜率系数的标准误。

例 9－4 我们做了一个线性回归模型，得到 $Y = 0.2 + 1.4X$。截距系数的标准误为 0.4，斜率系数的标准误为 0.2，问截距和斜率系数的显著性检验结果如何，假设显著性水平为 5%。

A. 截距系数是显著的，斜率系数也是显著的

B. 截距系数是不显著的，斜率系数也是不显著的

C. 截距系数是显著的，斜率系数是不显著的

D. 截距系数是不显著的，斜率系数是显著的

答案：D

首先是截距系数的显著性检验：

计算 t 统计量：$t = 0.2/0.4 = 0.5$

由于 t 统计量的绝对值明显小于 2，因此我们不能拒绝原假设，即认为截距系数没有显著的不等于 0。

其次是斜率系数的显著性检验：

计算 t 统计量：$t = 1.4/0.2 = 7$

由于 t 统计量的绝对值明显大于 2，因此我们拒绝原假设，即认为斜率系数显著不等于 0。这说明我们的回归做得还是不错的。

【全真模拟】Amanda Huang, CFA, is an analyst of the ABC Fund. She is writing a research report about the U. S. base metal industry. The dependent variable for the model is the monthly return for a base metal equity index for the previous 120 months. The independent variable is the monthly returns for the DJIA. All variables are recorded in percent.

Variable	Coefficient	t－statistic	p－value
Constant	－0.0056	－0.018	0.98
DJIA	1.0264	7.480	<0.001

Amanda Huang wants to know if the sensitivity coefficient to DJIA is significantly different from 1. The value of the test statistic relating to Huang's null hypothesis about the value of the sensitivity coefficient to DJIA is closest to:

A. 0.19

B. 0.92

C. 4.17

D. 7.48

【名师详解】由于要检验斜率系数是否显著不等于1，原假设为 H_0：$b_1=1$。则 t 统计量的公式为：$t=\frac{\hat{b}_1-1}{s_{\hat{b}_1}}$。分母上的标准误为0.1372（=1.0264/7.48）。因此：

t 统计量 =（1.0264 − 1）/ 0.1372 = 0.19

显然不能拒绝原假设，即斜率系数并无显著不等于1。

【答案】A

回归系数的置信区间

我们知道，置信区间估计与假设检验本质上是一样的，一般公式为：点估计 ± 关键值 × 点估计的标准差。回归系数的置信区间也不例外。

斜率系数 b_1 的置信区间为：$\hat{b}_1 \pm t_c s_{\hat{b}_1}$。其中：$t_c$ 是自由度为 $n-2$ 的 t 关键值。

例9－5　我们做了一个线性回归模型，得到 $Y=0.2+1.4X$。截距系数的标准误为0.4，斜率系数的标准误为0.2，求截距和斜率系数的置信度为95%的置信区间。

A. [−0.6, 1.0]，[1.2, 1.6]

B. [−0.6, 1.0]，[1.0, 1.8]

C. [−0.2, 0.6], [1.2, 1.6]

D. [−0.2, 0.6], [1.0, 1.8]

答案：B

首先是截距系数的置信区间：

虽然我们不知道样本量 n，但我们可以假设样本量较大（$n \geqslant 30$）。5% 显著性水平的 t 关键值一般近似为 2。我们得到置信区间为：$0.2 \pm 2 \times 0.4$，即 [−0.6, 1.0]。

由于 0 包含在置信区间 [−0.6, 1.0] 中，所以我们认为截距系数没有显著的不等于 0。

其次是斜率系数的置信区间：

置信区间为：$1.4 \pm 2 \times 0.2$，即 [1.0, 1.8]。

由于 0 没有包含在置信区间 [1.0, 1.8] 中，所以我们认为斜率系数显著不等于 0。

【全真模拟】Amanda Huang, CFA, is an analyst of the ABC Fund. She is writing a research report about the U. S. base metal industry. The dependent variable for the model is the monthly return for a base metal equity index for the previous 120 months. The independent variable is the monthly returns for the DJIA. All variables are recorded in percent.

Variable	Coefficient	t − statistic	p − value
Constant	−0.0056	−0.018	0.98
DJIA	1.0264	7.480	<0.001

The 95 percent confidence interval for the sensitivity of base metal equity index returns to DJIA is closest to:

A. 0.75 to 1.30

B. 0.89 to 1.16

C. 0.80 to 1.25

【名师详解】要计算斜率系数的 95% 置信度的置信区间，首先计算斜率系数的标准误为 0.1372（=1.0264 / 7.48）。

由于样本量较大（$n=120$），5%显著性水平的 t 关键值一般近似为 2。我们得到置信区间为：$1.0264 \pm 2 \times 0.1372$，即[0.75，1.30]。

【答案】C

本章重要考点

考点一：相关系数的显著性检验。

考点二：已知截距、斜率和自变量 X 的预测值，求因变量 Y 的预测值。

考点三：计算决定系数和估计的标准误。

考点四：斜率系数的显著性检验和置信区间。

第十章　多元线性回归

多元线性回归基础

多元线性回归就是要用多个自变量来解释因变量。多元线性回归的回归模型如下：

$$Y_i = b_0 + b_1X_{1i} + b_2X_{2i} + \cdots + b_kX_{ki} + \varepsilon_i$$

接下来，我们同样使用最小二乘法找这样一条直线，使得每个点到直线的距离的平方和最小。我们得到回归结果如下：

$$\hat{Y} = \hat{b}_0 + \hat{b}_1X_1 + \hat{b}_2X_2 + \cdots + \hat{b}_kX_k$$

如果已经得到截距的估计值 $\hat{b}_0$ 和多个斜率的估计值 $\hat{b}_j(j=1,2,\cdots,k)$，又得到了所有自变量 $X_j(j=1,2,\cdots,k)$ 的预测值，我们就很容易求得因变量 Y 的预测值。

例 10－1　某公司的分析师根据历史数据，做了公司销售额增长率关于 GDP 增长率和公司销售人员增长率的线性回归分析，得到截距为－3.2%，关于 GDP 增长率的斜率为 2，关于公司销售人员增长率的斜率为 1.2。国家统计局预测今年 GDP 增长率为 9%，公司销售部门预计公司销售人员今年将减少 20%。问该公司今年销售额增长率预计为多少？

A.　－9.2%

B. −3.2%

C. 14.8%

答案：A

$$Y = -3.2\% + 2X_1 + 1.2X_2 = -3.2\% + 2 \times 9\% + 1.2 \times (-20\%) = 14.8\%$$

方差分析

方差分析表

与一元线性回归相似，多元线性回归的方差分析表如表10-1：

表 10-1

	自由度（df, degrees of freedom）	平方和（SS, sum of squares）	均方和（MS, mean sum of squares）
回归（Regression）	k	回归平方和（RSS）	回归均方和（MSR）$= RSS/k$
误差（Error）	$n-k-1$	误差平方和（SSE）	误差均方和（MSE）$= SSE/(n-k-1)$
总和（Total）	$n-1$	总平方和（SST）	—

回归的自由度为 k，k 代表自变量的个数。误差的自由度为 $n-k-1$，n 是样本量。总自由度为以上两个自由度之和。

总平方和依然等于回归平方和（RSS）与误差平方和（SSE）之和，即：$SST = RSS + SSE$。

均方和依然等于各自的平方和除以各自的自由度。回归均方和 $MSR = RSS/k$，误差均方和 $MSE = SSE/(n-k-1)$。

有了方差分析表，我们还是要计算决定系数和估计的标准误，以判断回归模型的好坏。

决定系数

决定系数（coefficient of determination，简称 R^2）等于回归平方和除以总平方和，公式为：

$$R^2 = \frac{RSS}{SST} = 1 - \frac{SSE}{SST}$$

和一元回归一样，多元回归的决定系数的含义仍然是：所有自变量 X 的变动可以解释多少比例的 Y 的变动。决定系数越大，表示回归模型越好。但是，对于多元线性回归，随着自变量个数 k 的增加，决定系数总是变大，无论新增的自变量是否对因变量有解释作用。因此，我们就要调整决定系数 R^2 如下：

$$adjusted\ R^2 = 1 - \left[\left(\frac{n-1}{n-k-1}\right) \times (1 - R^2)\right]$$

调整后的决定系数（adjusted R^2）不一定随着自变量个数 k 的增加而增大，其是否增大取决于新增的自变量对因变量的解释作用如何。因此，调整后的决定系数能有效地比较不同自变量个数的回归模型的优劣。

关于调整后的决定系数，你还需要记住两点：

1. 调整后的决定系数总是小于等于未调整的决定系数（adjusted $R^2 = R^2$）。

2. 调整后的决定系数有可能小于 0。

估计的标准误

估计的标准误（standard error of estimate，简称 SEE）等于误差均方和开根号，公式为：

$$SEE = \sqrt{\frac{SSE}{n-k-1}} = \sqrt{MSE}$$

显然，估计的标准误越小，表示回归模型越好。

回归系数的 t 检验和置信区间

与一元线性回归相似，回归系数的 t 检验是指检验回归系数是否等于某个常数。通常我们要检验斜率系数是否等于 0（H_0: $b_j = 0$），这称为斜率系数的显著性检验（significance test of the slope coefficient）。如果不能拒绝原假设，即斜率系数没有显著的不等于 0，那么就说明该斜率对应的自变量 X_j 和因变量 Y 的线性相关性不大。

这是一个 t 检验，t 统计量自由度为 $n-k-1$，计算公式为：

$$t = \frac{\hat{b}_j}{s_{\hat{b}_j}}$$

其中 $s_{\hat{b}_j}$ 为斜率系数的标准误。

回归系数 b_j 的置信区间为：$\hat{b}_j \pm t_c s_{\hat{b}_j}$。其中：$t_c$ 是自由度为 $n-k-1$ 的 t 关键值。

例 10－2　我们做了一个二元线性回归模型，得到的结果如下表：

变量	系数	t 统计量
b_0	0.5	1.28
b_1	1.2	2.4
b_2	－0.3	0.92

斜率系数 b_1 的置信度为 95% 的置信区间为多少？

A. ［0.7, 1.7］

B. ［0.2, 2.2］

C. ［－0.3, 2.7］

D. ［－0.8, 3.2］

答案：B

由于 t 统计量 $=2.4=\dfrac{\hat{b}_1}{s_{\hat{b}_1}}=\dfrac{1.2}{s_{\hat{b}_1}}$，因此 $s_{\hat{b}_1}=0.5$。

虽然我们不知道样本量 n，但我们可以假设样本量较大（$n \geqslant 30$）。5%显著性水平的 t 关键值一般近似为2。我们得到置信区间为：$1.2 \pm 2 \times 0.5$，即［0.2，2.2］。

由于0没有包含在置信区间［0.2，2.2］中，所以我们认为斜率系数 b_1 显著的不等于0。

回归系数的 F 检验

回归系数的 F 检验是用来检验斜率系数是否全都等于0。其原假设是所有斜率系数都等于0，备择假设是至少有一个斜率系数不等于0。

$H_0: b_1=b_2=b_3=\cdots=b_k=0 \qquad H_a$: at least one $b_j \neq 0 (j=1 \text{ to } k)$

F 统计量的分子自由度和分母自由度分别为 k 和 $n-k-1$，统计量的计算公式如下：

$$F=\frac{MSR}{MSE}=\frac{RSS/k}{SSE/n-k-1}$$

请记住，虽然 F 检验看上去是双尾检验，但请当作单尾检验来做，其拒绝域只在分布的右边一边。

回归系数的 t 检验是对单个斜率系数做检验，而回归系数的 F 检验是对全部斜率系数的检验。如果我们没有拒绝原假设，说明所有的斜率系数都没有显著地不等于0，即所有自变量和因变量 Y 的线性相关性都不大，回归模型做得不好。如果我们能够拒绝原假设，说明至少有一个斜率系数显著地不等于0，即至少有一个自变量可以解释因变量 Y，回归模型做得还可以。

例 10－3 我们抽取了一个样本量为43的样本，做了一个三元线性回归，得到 RSS 等于4500，SSE 等于1500。以显著性水平为 0.05 检验是否至少有一个斜率系数显著地不等于 0，假设检验的结果如何？

A. 不能拒绝原假设，因为 χ^2 统计量等于 39

B. 拒绝原假设，因为 χ^2 统计量等于 39

C. 不能拒绝原假设，因为 F 统计量等于 39

D. 拒绝原假设，因为 F 统计量等于 39

答案：D

$MSR = RSS/k = 4500/3 = 1500$

$MSE = SSE/(n-k-1) = 1500/(43-3-1) = 38.4$

F 统计量 $= MSR/MSE = 39$

接着，我们要查表计算 F 关键值。我们知道显著性水平 $\alpha = 0.05$，利用单尾检验来做，拒绝域在右边，面积为 0.05。分子自由度为 3，分母自由度为 39。因此，关键值为 2.84。由于 $2.484 < 39$，F 统计量落在拒绝域，因此我们要拒绝原假设。

最后，我们陈述结论：至少有一个斜率系数显著地不等于 0。

【全真模拟】Vincent Salsberg is a portfolio manager for a counseling firm. Salsberg's research has led him to examine relationships between U.S. stock market returns and the U.S. interest rates. Salsberg collects data and then runs a regression. The regression results include:

	df	*SS*
Regression	4	276.52
Residual	442	9266.71
Total	446	9543.23

Critical F-values are as below:

0.05 significance level		
df_1	df_2	Critical F - values
1	400 +	3.84
4	400 +	2.37
5	400 +	2.21
400 +	1	254.00
400 +	4	5.63
400 +	5	4.37

At the 0.05 level of significance, the most appropriate conclusion of a test to determine if all the slope coefficients in are simultaneously equal to zero is to:

A. fail to reject H_0, because the value of the test statistic is less than 5.63

B. fail to reject H_0, because the value of the test statistic is less than 9.488

C. reject H_0, because the value of the test statistic is greater than 2.37

D. reject H_0, because at least one of the independent variables has a significant t - statistic

【名师详解】要检验所有斜率系数是否同时等于0，用 F 检验。F 统计量为：

$F = (RSS/k)/[SSE/(n-k-1)] = (276.52/4)/(9266.71/442) = 69.13/20.97 = 3.30$

查表求得分子和分母自由度分别为 4 和 442 的 F 关键值为 2.37，显然 F 统计量落在拒绝域内，因此拒绝原假设。

【答案】C

虚拟变量

在以上的所有回归中，自变量 X 都是定量的变量，即自变量的取值是连续的数值。在某些回归分析中，需要使用定性的自变量，称为虚拟变量（dummy variable）。使用虚拟变量的目的是考察不同类别之间是否存在显著差异。

虚拟变量的取值为0和1。例如，银行需要给申请信用卡的用户打分，以考察其信用情况，决定是否批卡。其中需要使用一个虚拟变量以代表性别，即0代表“男”，1代表“女”。引入性别虚拟变量的目的是看看性别对申请者的信用情况是否有显著影响。

性别只分两类（男和女），因此只需一个虚拟变量。如果定性的自变量分 n 类，则需要 $n-1$ 个虚拟变量。例如，学历可以分为“研究生及以上”、“本科和大专”、“高中”、“初中及以下”4类，则需要引入3个虚拟变量。我们可以通过以下例子来说明。

我们构造了一个三元线性回归模型，以预测某城市的人均月收入：

$$Income_t = b_0 + b_1X_{1t} + b_2X_{2t} + b_3X_{3t} + \varepsilon_t$$

其中，$Income_t$ 代表某城市的人均月收入，X_1、X_2、X_3 是三个虚拟变量，用来表示学历。当学历为“研究生及以上”时，$X_1=1$，$X_2=X_3=0$。当学历为“本科和大专”时，$X_2=1$，$X_1=X_3=0$。当学历为“高中”时，$X_3=1$，$X_1=X_2=0$。当学历为“初中及以下”时，$X_1=X_2=X_3=0$。因此，3个虚拟变量可以代表4类学历水平。

假设我们以过去2年的数据（24个月度数据）做回归，得到截距和斜率系数的估计值如下：

$$\widehat{Income}_t = 1200 + 4000X_{1t} + 3700X_{2t} + 1450X_{3t}$$

我们可以使用以上数据计算过去2年某城市的人均月收入，它们也是对未来人均月收入的估计：

学历为“研究生及以上”人群的平均月收入 $=1200+4000=5200$（元）

学历为“本科和大专”人群的平均月收入 $=1200+3700=$

4900（元）

学历为“高中”人群的平均月收入 = 1200 + 1450 = 2650（元）

学历为“初中及以下”人群的平均月收入 = 1200（元）

由此可以知道，截距系数 b_0 代表了缺省类的估计值。在上例中，$b_0 = 1200$ 代表学历为“初中及以下”人群的平均月收入。

每个虚拟变量对应的斜率系数代表了此类与缺省类的估计值之差。在上例中，$b_1 = 4000$ 代表学历为“研究生及以上”人群与“初中及以下”人群的平均月收入之差为 4000 元；$b_2 = 3700$ 代表学历为“本科和大专”人群与“初中及以下”人群的平均月收入之差为 3700 元；$b_3 = 1450$ 代表学历为“高中”人群与“初中及以下”人群的平均月收入之差为 1450 元。

含有虚拟自变量的多元回归分析与一般的多元回归分析一样，也可以使用方差分析、t 检验和 F 检验。

【全真模拟】Adele Chiesa is a money manager for the ABC Fund. She is interested in recent findings showing that certain business condition variables predict excess U. S. stock market returns (one - month market return minus one - month T - bill return). She is also familiar with evidence showing how U. S. stock market returns differ by the political party affiliation of the U. S. President. Chiesa estimates a multiple regression model to predict monthly excess stock market returns accounting for business conditions and the political party affiliation of the U. S. President:

$$Excess\ stock\ market\ return_t = b_0 + b_1\ default\ spread_{t-1} + b_2\ pres\ party\ dummy_{t-1} + \varepsilon_t$$

Default spread is equal to the yield on Baa bonds minus the yield on Aaa bonds. Pres party dummy is equal to 1 if the U. S. President is a member of the Democratic Party and 0 if a member of the Republican Party.

The regression output is in Exhibit 1.

EXHIBIT 1 Multiple Regression Output (the Dependent Variable Is the One - Month Market Return in Excess of the One - Month T - Bill Return)

	Coefficients	t - Statistic	p - Value
Intercept	0.0026	0.0066	>0.10
Default $spread_{t-1}$	-0.1337	-0.6219	>0.10
Pres party $dummy_{t-1}$	2.2005	4.5399	<0.01

The Pres party dummy variable in the model indicates that the mean monthly value for the excess stock market return is:

A. 4.54 percent larger during Democratic presidencies than Republican presidencies

B. 2.2 percent larger during Democratic presidencies than Republican presidencies

C. 2.2 percent larger during Republican presidencies than Democratic presidencies

【名师详解】该题要预测股票市场的超额收益率，有一个自变量为虚拟变量，代表美国总统的党派。如果总统来自民主党，则虚拟变量取值为1；如果总统来自共和党，则虚拟变量取值为0。虚拟变量的斜率系数为2.2005，表示民主党执政时期的股票市场超额收益率比共和党执政时期多2.2%。

此外，其 t 统计量较大，p 值较小，意味着拒绝原假设，即斜率是显著的，表示民主党执政时期与共和党执政时期的股票市场超额收益率有显著差异。

【答案】B

多元线性回归的假设

多元线性回归模型有以下6条重要假设：

1. 所有自变量 X_j 和因变量 Y 之间存在线性关系。

2. 自变量不是随机变量，任意两个自变量之间都线性不相关。如果自变量和自变量之间线性相关，称为多重共线性（multicollinearity）。

3. 残差项 ε_i 的期望值为零。

4. 残差项 ε_i 的方差为常数。这称为同方差性（homoskedasticity）。如果残差项的方差不恒定，称为异方差性（heteroskedasticity）。

5. 残差项与残差项之间不相关。如果残差项与残差项之间相关，称为自相关（autocorrelation）或序列相关（serial correlation）。

6. 残差项 ε_i 为正态分布随机变量。

下面我们就要介绍，如果违反第 2、4、5 条假设的话，我们如何处理。

异方差性

异方差性（heteroskedasticity）是指残差项的方差不恒定。异方差性可以分为无条件异方差性和条件异方差性。

无条件异方差性（unconditional heteroskedasticity）是指残差项的方差虽然不恒定，但其与自变量 X 无关。虽然这也违反了第4条假设，但是无条件异方差性对线性回归的结论影响通常不大。

条件异方差性（conditional heteroskedasticity）是指残差项的方差不恒定，且其与自变量 X 相关。例如，随着 X 的增大，残差项的方差增大。条件异方差性通常给回归的结论造成问题，即我们很难通过最小二乘法找到一条残差平方和最小的直线。因此，我们需要检测条件异方差性。

检测条件异方差性的方法有两种：残差散点图和 Breusch – Pagen χ^2 检验。

画出残差的散点图（scatter plot of residuals），我们就能够看

到残差与自变量 X 的关系。图 10－1 就是一个残差散点图的例子：

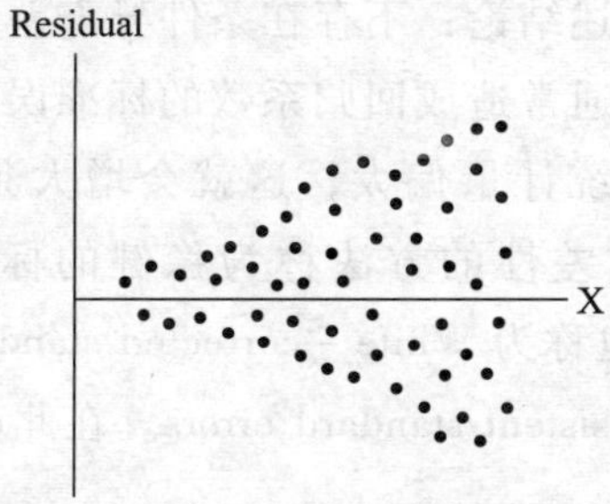

图 10－1　条件异方差性的散点图解释

从上图可以看出，随着 X 的增大，残差项的方差增大，因此存在条件异方差性。

这种方法多少有点主观，因此我们需要借助客观的假设检验方法：Breusch－Pagen χ^2 检验。原假设为：不存在条件异方差性；备择假设为：存在条件异方差性。Breusch－Pagen χ^2 检验的 χ^2 统计量自由度为 k，计算公式如下：

$$BP = n \times R_{res}^2$$

这里的 R_{res}^2 不是该回归的决定系数，而是将残差的平方与自变量 X 重新做回归的决定系数。值得注意的是，Breusch－Pagen χ^2 检验是单尾检验，其拒绝域只在右边一边。

例 10－4　我们抽取了一个样本量为 50 的样本，做了一个三元线性回归。残差的平方与自变量 X 做回归的决定系数为 0.15。以显著性水平为 0.05 检验是否存在条件异方差性，结果如何？

A. 不存在条件异方差性，因为 BP 统计量等于 7.5

B. 存在条件异方差性，因为 BP 统计量等于 7.5

C. 不存在条件异方差性，因为 DW 统计量等于 7.5

答案：A

$$BP = n \times R^2 = 50 \times 0.15 = 7.5$$

接着，我们要查表计算 χ^2 关键值。我们知道显著性水平 $\alpha = 0.05$，单尾检验，拒绝域在右边，面积为 0.05。自由度为 3。因此，关键值为 7.815。由于 χ^2 统计量没有落在拒绝域内，因此我们不能拒绝原假设。

最后，我们陈述结论：不存在条件异方差性。

条件异方差性通常造成回归系数的标准误偏小，回归系数的显著性检验 t 检验统计量偏大，这就会增大犯第一类错误的概率。纠正条件异方差性的方法称为稳健的标准误方法（robust standard errors），也称为 White - corrected standard errors 或者 heteroskedasticity - consistent standard errors。在此就不详细叙述了。

序列相关（自相关）

序列相关（serial correlation），或称自相关（autocorrelation），是指残差项与残差项之间相关。时间序列数据常出现序列相关的问题。序列相关分为正序列相关和负序列相关。

正序列相关（positive serial correlation）是指：如果前一个残差大于0，那么后一个残差大于0的概率较大。

负序列相关（negative serial correlation）是指：如果前一个残差大于0，那么后一个残差小于0的概率较大。

通过残差的散点图能够更直观地了解正序列相关和负序列相关。图 10 - 2 就是一个残差散点图的例子：

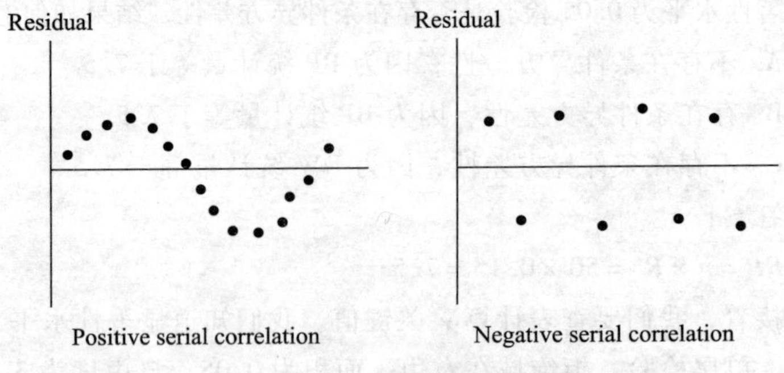

图 10 - 2　序列相关的散点图解释

我们还是要借助客观的假设检验方法来检测序列相关，这种方法称为 Durbin – Watson 检验。原假设为：不存在序列相关；备择假设为：存在序列相关。Durbin – Watson 检验的统计量计算公式如下：

$DW \approx 2 \times (1-r)$

其中 r 为残差的相关系数。如果残差之间不相关（$r=0$），那么 DW 统计量等于 2。如果残差之间正相关（$r>0$），那么 DW 统计量小于 2。如果残差之间不相关（$r<0$），那么 DW 统计量大于 2。

我们需要查阅 Durbin – Watson 表，获取两个关键值 d_u 和 d_l，决策规则如表 10 – 2：

表 10 – 2

DW 统计量	决策规则	结论
$0 < DW < d_l$	拒绝 H_0	正序列相关
$d_l < DW < d_u$	不拒绝也不接受 H_0	不确定
$d_u < DW < 4 - d_u$	不能拒绝 H_0	不存在序列相关
$4 - d_u < DW < 4 - d_l$	不拒绝也不接受 H_0	不确定
$4 - d_l < DW < 4$	拒绝 H_0	负序列相关

例 10 – 5　我们抽取了一个样本量为 50 的样本，做了一个三元线性回归。残差的相关系数 r 为 0.4。以显著性水平为 0.05 检验是否存在自相关，结果如何？

A. 存在正自相关，因为 BP 统计量等于 1.2

B. 存在负自相关，因为 BP 统计量等于 1.2

C. 存在正自相关，因为 DW 统计量等于 1.2

答案：C

$DW \approx 2 \times (1-r) \approx 2 \times (1-0.4) \approx 1.2$

接着，我们要查表计算 DW 关键值。我们知道显著性水平 $\alpha=0.05$，$k=3$，$n=50$。因此，关键值为 $d_l=1.42$ 和 $d_u=1.67$。由于 DW 统计量小于下关键值 d_l，因此我们拒绝原假设，结论是存在正自相关。

正序列相关通常造成回归系数的标准误偏小，回归系数的显著性检验 t 检验统计量偏大，这就会增大犯第一类错误的概率；负序列相关通常造成回归系数的标准误偏大，回归系数的显著性检验 t 检验统计量偏小，这就会增大犯第二类错误的概率。我们可以通过调整系数的标准误（例如：Hanson method）来纠正序列相关，在此就不详细叙述了。

【全真模拟】Amanda Huang, CFA, is an analyst of the ABC Fund. She is writing a research report about the U. S. base metal industry. Her report includes the regression model and relevant statistics presented in Exhibit 1. The dependent variable for the model is the monthly return for a base metal equity index for the previous 120 months. The independent variables are the monthly returns for the DJIA (DJIA) and the yield spread between the monthly returns on long - term LIBOR and 3 - month U. S. T - bills (SPREAD). All variables are recorded in percent.

Exhibit 1

R^2	0.36
Durbin - Watson statistic	0.57
F - value (2, 155)	51.40
Breusch - Pagen χ^2 test statistic	5.20
Standard Error of Estimate	4.50

Exhibit 2

Selected χ^2 Values

df	Probability in Right Tail								
	0.99	0.9750	0.95	0.9	0.1	0.05	0.025	0.01	0.005
1	0.000157	0.000982	0.003932	0.0158	2.706	3.841	5.024	6.635	7.879
2	0.020100	0.050636	0.102586	0.2107	4.605	5.991	7.378	9.210	10.597
3	0.1148	0.2158	0.3518	0.5844	6.251	7.815	9.348	11.345	12.838
4	0.297	0.484	0.0711	1.064	7.779	9.488	11.143	13.277	14.860
5	0.554	0.831	1.145	1.610	9.236	11.070	12.832	15.086	16.750

Exhibit 3

Selected Critical Values of the Durbin - Watson Statistic ($\alpha = 0.05$)

(number of independent variables = 2, sample size = n)

n	d_l	d_u
80	1.59	1.69
85	1.60	1.70
90	1.61	1.70
95	1.62	1.71
100	1.63	1.72
150	1.71	1.76
200	1.75	1.79

If alpha = 0.05, was Huang justified in correcting for serial correlation in the regression error terms?

A. No, because the calculated value for χ^2 is less then the critical value of 7.378

B. Yes, because the calculated value for χ^2 is greater than the critical value of 5.991

C. No, because the calculated Durbin - Watson statistic is less than d_l, the lower critical value

D. Yes, because the calculated Durbin - Watson statistic is less than d_l, the lower critical value

【名师详解】检验序列相关用 Durbin - Watson 检验，Durbin - Watson 统计量为0.57。随后查阅表3 的 Durbin - Watson 表，因样本量为 120，因此取最近的 $n = 100$。查得 $d_l = 1.63$。因 Durbin - Watson 统计量落在下关键值 d_l的左边（$0 < DW < d_l$），因此拒绝原假设，即存在正序列相关。

【答案】D

多重共线性

多重共线性（multicollinearity）是指两个或多个自变量之间线性相关。

最常用的检测多重共线性的方法是：如果回归系数的显著性检验 t 检验都不能拒绝原假设（即没有一个自变量能解释 Y），但回归系数的 F 检验拒绝原假设（即至少有一个自变量能解释 Y），且决定系数又比较大（$R^2>0.7$），那就说明存在多重共线性。

另一种检测多重共线性的方法是：任意两个自变量拿来计算其样本相关系数，如果样本相关系数的绝对值较大（$|r|>0.7$），就说明存在多重共线性。

例 10－6 我们抽取了一个样本量为 50 的样本，做了一个三元线性回归，得到结果如下：

变量	系数	t 统计量
X_1	0.93	1.12
X_2	0.84	1.32
X_3	0.68	1.08
F 统计量	32.83	
R^2	0.87	

回归模型是否存在问题？

A. 存在条件异方差性

B. 存在自相关

C. 存在多重共线性

答案：C

t 关键值总在 2 附近，以上 3 个 t 统计量显然都较小，因此回归系数的显著性检验 t 检验都不能拒绝原假设，即没有一个自

变量能解释 Y。但 F 统计量 32.83 较大，说明回归系数的 F 检验拒绝原假设，即至少有一个自变量能解释 Y。且决定系数又比较大（$R^2>0.7$），说明存在多重共线性。

多重共线性通常造成回归系数的标准误偏大，回归系数的显著性检验 t 检验统计量偏小，这就会增大犯第二类错误的概率。我们可以通过去掉一个或多个相关的自变量来纠正多重共线性。但是在实际中，我们很难确定哪些自变量是相关的，该去掉哪些自变量。

【全真模拟】Amanda Huang, CFA, is an analyst of the ABC Fund. She is writing a research report about the U. S. base metal industry. The dependent variable for the model is the monthly return for a base metal equity index for the previous 120 months. The independent variables are the monthly returns for the DJIA (DJIA) and the yield spread between the monthly returns on long – term LIBOR and 3 – month U. S. T – bills (SPREAD). R^2 of the model is 0.36.

Because there are only two independent variables in her regression, Huang's most appropriate conclusion is that multicollinearity is NOT a problem, based on the observation that the:

A. model R^2 is relatively low

B. correlation between DJIA and SPREAD is 0.25

C. model F – value is high and the t – values for DJIA and SPREAD are low

【名师详解】检测多重共线性的 2 种方法：第一，回归系数的显著性检验 t 检验都不能拒绝原假设，但回归系数的 F 检验拒绝原假设，且决定系数又比较大（$R^2>0.7$），就说明存在多重共线性；第二，任意两个自变量的样本相关系数的绝对值较大（$|r|>0.7$），就说明存在多重共线性。

选项 B 描述的正是第二种方法，由于只有两个自变量，那么如果自变量的相关系数较小，则说明不存在多重共线性。

选项 C 中，F 统计量大，即 F 检验拒绝原假设。t 统计量小，即 t 检验不能拒绝原假设。t 检验和 F 检验结果矛盾，代表可能有多重共线性。而题目中问的是没有多重共线性。

【答案】B

总结：多元回归假设的违反

对于CFA 考试来说，掌握以表 10－3 的内容就基本上掌握了多元线性回归中最重要的考点。

表 10－3

名称	定义	如何检测	如何纠正
异方差性	残差项的方差不恒定	Breusch－Pagen 检验	robust standard errors, White－corrected standard errors, heteroskedasticity－consistent standard errors
序列相关	残差项与残差项之间相关	Durbin－Watson 检验	调整系数的标准误，Hanson method
多重共线性	两个或多个自变量之间线性相关	① t 检验和 F 检验结果矛盾，且 $R^2>0.7$ ② $\lvert r\rvert>0.7$	去掉一个或多个相关的自变量

模型设定中的错误

回归分析中最困难的问题是选择自变量和模型的函数形式，这称为模型设定（model specification）。

模型设定中的错误主要包括以下 6 种：

1. 模型遗漏了重要的自变量（该自变量被包含在模型残差中）。

2. 模型的函数形式错误（自变量或因变量应该变换形式）。例如，假设“真实”的回归模型应为：$Y = b_0 + b_1 e^X + \varepsilon$，即 X 与 Y 并非线性关系，但我们却将模型设定为：$Y = b_0 + b_1 X + \varepsilon$。

3. 数据使用不当。例如，因变量与自变量的关系在 2004 ~ 2006 年间与 2007 ~ 2009 年间已经显著不同，那么我们应该分别使用两组数据做两次回归。如果我们把 2004 ~ 2009 年这 6 年的数据混在一起做一次回归，那么就设定了错误的模型。

4. 使用延迟的因变量作为自变量。即使用上一期的数据来预测下一期的数据，例如模型：$Y_t = b_0 + b_1 Y_{t-1} + \varepsilon$。这种模型称为自回归模型，我们将在时间序列分析章节详细阐述。

5. 预测过去。即用以后的数据来解释以前的事情。

6. 度量自变量不当。例如，我们的模型中需要引入一个自变量以代表公司管理层的能力水平，由于没有现成的指标来衡量公司管理层的能力水平，因此我们使用公司管理层的平均入行时间当作能力水平的替代。如果平均入行时间不能有效地度量管理层的能力水平，那么就是度量自变量不当。

因变量是虚拟变量的模型

前面我们讨论过自变量 X 是虚拟变量（dummy variable）的回归模型，其与一般的回归模型差别不大。使用虚拟自变量的目的是考察不同类别之间是否存在显著差异。

在实践当中，有时也会用到因变量 Y 是定性变量的回归模型，即因变量的取值为 0 或 1。例如，银行信用卡中心需要判别应该对某申请人“批卡”还是“不批卡”，信贷部门需要判别某公司“会违约”还是“不会违约”。

一般的回归模型难以解决此类问题，需要用到特别的回归模型，主要包括：

1. 概率单位模型（probit model）和评定模型（logit model）。两个模型都是使用极大似然法来估计参数的。两个模型的区别是前提假设不同，概率单位模型基于正态分布，而评定模型基于逻辑分布（logistic distribution）。

2. 判别模型（discriminant model）。判别模型的因变量是定量的变量，即有连续的取值。计算得到因变量的取值后，可以判别其类型归属。例如，某银行信贷部门使用的信用评分模型如下：

$$Z = 0.012X_1 + 0.014X_2 + 0.033X_3 + 0.006X_4 + 0.999X_5$$

其中 Z 为信用评分。如果客户的信用评分低于 1.81，则贷款不能批准；如果客户的信用评分高于 1.81，则贷款可以批准。

本章重要考点

考点一：计算决定系数和估计的标准误。

考点二：斜率系数的显著性检验和置信区间。

考点三：回归系数的 F 检验。

考点四：解释虚拟变量的回归系数含义。

考点五：多元回归前提假设的违反：含义、检测和纠正。

第十一章　时间序列分析

趋势模型

时间序列分析（time - series analysis）与回归分析一样，是用来做预测的。但是，做回归分析需要有自变量来解释因变量，而时间序列分析的问题是：现在我们只有一组时间序列数据（因变量），缺少自变量，因此要解决自变量的问题。

线性趋势模型

线性趋势模型（linear trend model）就是用时间（t）来做自变量的一元回归模型，这就解决了缺少自变量的问题。模型方程如下：

$$Y_t = b_0 + b_1 t + \varepsilon_t$$

例如，表 11 - 1 为 2000 ~ 2009 年中国的 GDP 数据，要预测 2010 年中国的 GDP。

预测方法完全与一元线性回归相同，只是要将年份转换为自变量 t（如表 11 - 2 所示）：

表 11-1

年份	GDP（万亿人民币）
2000	8.94
2001	9.59
2002	10.24
2003	11.72
2004	13.65
2005	18.23
2006	20.94
2007	24.66
2008	30.07
2009	34.05

表 11-2

自变量 t	因变量 Y
1	8.94
2	9.59
3	10.24
4	11.72
5	13.65
6	18.23
7	20.94
8	24.66
9	30.07
10	34.05

回归可得方程为 $Y=2.42+2.87t$。如图 11-1 所示：

线性趋势模型虽然解决了缺少自变量的问题，但是时间序列数据不一定与时间 t 线性相关，很有可能是加速上升或者加速下降的。因此，做线性回归之后可能存在自相关（序列相关）。

拿到一组时间序列数据之后，我们先做线性趋势模型，然后用 Durbin - Watson 检验来检验自相关。如果 Durbin - Watson 检

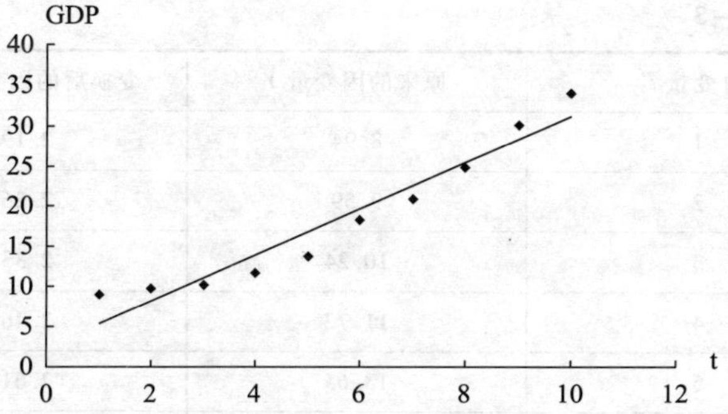

图 11-1　中国 GDP 的线性趋势模型

验不能拒绝原假设（没有自相关），那么就用线性趋势模型；如果 Durbin - Watson 检验拒绝原假设（有自相关），那么就用对数线性趋势模型。

以上例来说，做完线性趋势模型之后，我们计算 DW 统计量。如果 DW 统计量接近于 2，则说明没有自相关的问题，那么我们就用该线性趋势模型；如果 DW 统计量接近于 0 或 4，则说明有自相关的问题，那么就要变换模型，用对数线性趋势模型。

对数线性趋势模型

很多时候，时间序列数据与时间 t 并没有线性关系，而是随时间呈指数形式的增长，即加速上升或加速下降的。如：

$$Y_t = e^{b_0 + b_1 t + \varepsilon_t}$$

两边取对数，得：

$$\ln(Y_t) = b_0 + b_1 t + \varepsilon_t$$

此即为对数线性趋势模型（log - linear trend model），表示因变量 Y 的自然对数 $\ln Y$ 与时间 t 有线性关系，可以做一元线性回归。

仍沿用上例，假设做完线性趋势模型之后，计算 DW 统计量接近于 0 或 4，则说明有自相关的问题，那么就要使用对数线性趋势模型（如表 11-3 所示）。

表 11-3

自变量 t	原来的因变量 Y	变换后的因变量 $\ln Y$
1	8.94	2.19
2	9.59	2.26
3	10.24	2.33
4	11.72	2.46
5	13.65	2.61
6	18.23	2.90
7	20.94	3.04
8	24.66	3.21
9	30.07	3.40
10	34.05	3.53

回归可得方程为 $\ln(Y) = 1.91 + 0.16t$。如图 11-2 所示：

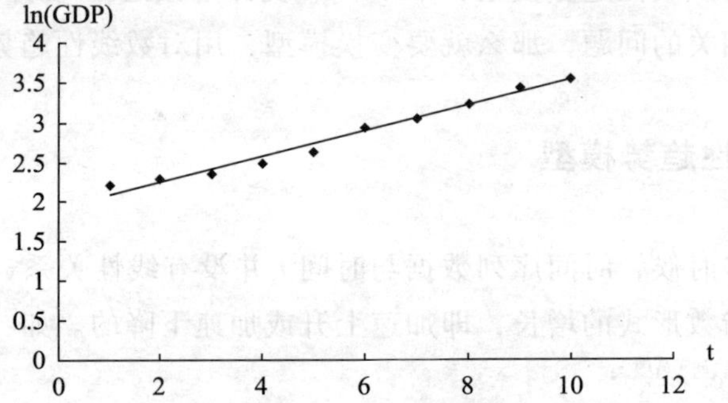

图 11-2　中国 GDP 的对数线性趋势模型

对数线性趋势模型做完之后，仍然用 Durbin - Watson 检验来检验自相关。如果 Durbin - Watson 检验不能拒绝原假设，那么就用对数线性趋势模型；如果 Durbin - Watson 检验拒绝原假设，那么就用自回归模型。

自回归模型

用自回归模型预测

自回归模型（autoregressive model，简称 AR）是用上一期（或几期）的因变量作自变量所做的线性回归，因此也解决了缺少自变量的问题。

一阶自回归模型 AR(1) 为：$Y_t = b_0 + b_1 Y_{t-1} + \varepsilon_t$

p 阶自回归模型 AR(p) 为：$Y_t = b_0 + b_1 Y_{t-1} + b_2 Y_{t-2} + \cdots + b_p Y_{t-p} + \varepsilon_t$

自回归模型预测的链式法则（chain rule of forecasting）：如果知道了自回归模型方程，则可以预测以后无穷多期的值。例如，已知自回归模型方程为 $Y_t = 2 + 0.8 Y_{t-1}$，假设上期的值为 3，则本期的值就为 4.4（=2+0.8×3），下期的值为 5.52（=2+0.8×4.4），再下期的值为 6.416（=2+0.8×5.52），以此类推。

自回归模型与自相关

但是自回归模型是否解决了自相关的问题呢？我们做完一个自回归模型 AR(1) 之后，不能用 Durbin－Watson 检验来检验自相关，而要用最原始的方法，计算每一个自相关系数（autocorrelation），对每一个自相关系数做显著性检验 t 检验。原假设为：不存在自相关；备择假设为：存在自相关。t 自由度为 $n-2$。

滞后 k 阶自相关系数 $\rho(k)$ 为原残差与滞后 k 期的残差的相关系数。t 统计量公式为：

$$t = \rho(k) \times \sqrt{n}$$

如果每一个自相关系数的显著性 t 检验都不能拒绝原假设（没有自相关），那么就用这个 AR(1) 模型；如果有一个自相关系数的显著性 t 检验都拒绝原假设（有自相关），那么就要引入一个周期性滞后变量（seasonal lag），然后以新的（二元）自回归模型重新回归，估计回归参数。

假如上例（$Y_t = 2 + 0.8Y_{t-1}$）中，做完该 AR(1) 之后，我们分别计算滞后 1～4 阶的自相关系数，然后分别计算 t 统计量如表 11－4：

表 11－4

lag	autocorrelation	t－statistic
1	0.394	1.246
2	0.051	0.161
3	－0.029	－0.092
4	0.227	0.718

我们发现，t 统计量的绝对值均明显小于 2（甚至小于 1.28），因此 4 个 t 检验都不能拒绝原假设，即没有自相关问题，该 AR(1) 可用。

假如计算情况并非如上，而是如表 11－5：

表 11－5

lag	autocorrelation	t－statistic
1	0.394	1.246
2	0.051	0.161
3	－0.029	－0.092
4	0.827	2.615

我们发现，滞后 4 阶的 t 统计量（2.615）明显大于 2，说明残差滞后 4 阶相关。我们必须在原来的 AR(1) 中引入一个周期性滞后变量如下：

$$Y_t = b_0 + b_1 Y_{t-1} + b_2 Y_{t-4} + \varepsilon_t$$

该周期性滞后变量为滞后 4 期的因变量值，因为残差滞后 4

阶相关。

有了该新的（二元）自回归模型之后，我们重新回归，估计回归系数（斜率和各个截距）。随后还要计算每一个自相关系数，对每一个自相关系数做显著性检验 t 检验。如果每一个自相关系数的显著性 t 检验都不能拒绝原假设（没有自相关），那么就用这个新的（二元）自回归模型；如果有一个自相关系数的显著性 t 检验都拒绝原假设（有自相关），那么就要再引入一个周期性滞后变量，然后以新的（三元）自回归模型重新回归。这样周而复始，不断引入周期性滞后变量，最终总能使每一个自相关系数的显著性 t 检验都不能拒绝原假设。也就是说，自回归模型可以根本解决自相关的问题。

自回归模型的问题：平稳的时间序列数据

自回归模型虽然解决了自相关的问题，但是带来了一个新的问题：只有协方差平稳的时间序列数据（covariance - stationary series）才能做自回归，这是自回归模型的前提条件。

协方差平稳的时间序列数据有三个条件：

1. 均值恒定。

2. 方差恒定。

3. 自协方差恒定。

CFA 只关注第一个条件，即均值恒定。因此，时间序列数据要协方差平稳，有一个必要条件，就是必须要有一个均值回复水平（mean reverting level）。

均值回复（mean reversion）指时间序列数据有向均值靠拢的倾向，即如果上期值低于均值，则下期值就会变大，反之亦然。

对 AR(1) 模型，只要假设 $Y_t = Y_{t-1}$，即可解得均值回复水平为：

$$Y_{MRL} = \frac{b_0}{1 - b_1}$$

仍然以上例（$Y_t = 2 + 0.8Y_{t-1}$）为例，均值回复水平为 10（$= 2/(1 - 0.8)$）。

【全真模拟】Aoi Nakamura is an analyst at Nomura Investment Bank. He wants to analyze data to explain and forecast the behavior of Sharpe ratios of ABC fund. He examines time - series models of Sharpe ratio (SR) behavior and begins by collecting 10 years of monthly data on Sharpe ratios. He estimates a regression equation of the form:

$$SR_t = b_0 + b_1 SR_{t-1} + \varepsilon_t$$

1) Aoi Nakamura's most appropriate action to determine if the equation correctly fits the time series is to examine the:

A. R - squared value and F - statistic

B. autocorrelation between the error terms

C. correlation between the squared error terms and the independent variable

【名师详解】要检测一个自回归模型是否合适，首先是检测自相关，其次是检测协方差平稳（是否有均值回复水平）。因此，B 是正确的。

A 是回归分析中检测回归模型是否合适的方法。C 是检测残差方差与自变量 X 是否相关，这就是检测条件异方差。

【答案】B

2) The regression results are as below:

	Coefficients	Standard Error
Intercept	0.35	0.298
SR_{t-1}	0.65	0.210

If Nakamura's model is correctly specified, and the Sharpe ratio is 2.3 in Feb 2011, the estimate of the Sharpe ratio for April 2011 is closest to:

A. 2.12

B. 1.85

C. 1.55

【名师详解】根据自回归模型的系数，自回归模型应为：$SR_t = 0.35 + 0.65SR_{t-1}$。

已知2月份 Sharpe ratio 为2.3，预测4月份 Sharpe ratio，用预测的链式法则。3月份 Sharpe ratio 为1.845，4月份 Sharpe ratio 为1.549。

【答案】C

不同时间序列模型的比较

样本内预测（in－sample forecasts）是指使用模型样本内的值来预测，预测值与实际值的差异即为残差。

样本外预测（out－of－sample forecasts）是指使用模型样本外的值来预测，体现了模型对现实世界的预测能力。

对于同一组数据，如果有多个时间序列模型，则比较哪个模型的均方根误（root mean squared error，简称 RMSE）小。均方根误为残差均方和的平方根，即相当于回归中的估计的标准误（*SEE*）。均方根误越小越好。

随机游走模型

如前所述，AR(1) 的均值回复水平为：

$$Y_{MRL}=\frac{b_0}{1-b_1}$$

如果 $b_1=1$，则该 AR(1) 模型不存在均值回复水平，这个时间序列数据也就不满足协方差平稳。因此，做了一个 AR(1) 模型之后，我们要检验斜率系数 b_1 是否显著不等于1。该假设检验称为 Dickey - Fuller 检验。

如果斜率系数 b_1 等于1，称该时间序列数据有单位根（unit root）。因此，Dickey - Fuller 检验用来检验该时间序列数据是否有单位根。原假设为：$b_1=1$（即有单位根）；备择假设为：$b_1\neq1$（即没有单位根）。如果 Dickey - Fuller 检验可以拒绝原假设，那么就没有单位根，可以用这个 AR(1) 模型；如果 Dickey - Fuller 检验不能拒绝原假设，那么就有单位根，此时这个AR(1)模型称为随机游走模型。

一般的（无漂移的）随机游走模型（random walk）为 $b_0=0$、$b_1=1$ 的自回归模型：

$$Y_t=Y_{t-1}+\varepsilon_t$$

由上式可以看出，对下一期值的预测值就是上一期值。汇率是典型的无漂移随机游走时间序列。

若 $b_0\neq0$，则称为有漂移的随机游走模型（random walk with a drift）：

$$Y_t=b_0+Y_{t-1}+\varepsilon_t$$

随机游走模型有单位根 $b_1=1$，因此不满足协方差平稳的前提条件，所以不适用普通最小二乘法（OLS）回归，即自回归模型不能直接用于随机游走时间序列。要解决此问题必须做一阶差分（first differencing）。

我们主要考虑无漂移的随机游走模型。定义一阶差分 $Z_t=Y_t-Y_{t-1}=\varepsilon_t$，因此一阶差分 $Z_t=\varepsilon_t$ 相当于是一个 $b_0=b_1=0$ 的 AR(1)模型。此模型有均值回复水平 $Z_{MRL}=\frac{b_0}{1-b_1}=\frac{0}{1-0}=0$，因此满足协方差平稳的必要条件。因此，一阶差分最终能解决单位根的问题。

【全真模拟】Aoi Nakamura is an analyst at Nomura Investment Bank. He wants to analyze data to explain and forecast the behavior of Sharpe ratios of ABC fund. He examines time – series models of Sharpe ratio（SR）behavior and begins by collecting 10 years of monthly data on Sharpe ratios. He estimates a regression equation of the form：

$SR_t = b_0 + b_1 SR_{t-1} + \varepsilon_t$

1）To determine whether the time series exhibit a unit root, Nakamura's most appropriate action would be to perform the：

A. Dickey – Fuller test

B. Durbin – Watson test

C. first differencing

【名师详解】Dickey – Fuller 检验用来检验时间序列数据是否有单位根，因此 A 正确。

B 中 Durbin – Watson 检验用来检验序列相关。C 中一阶差分是已知有单位根的前提下，能够解决问题的办法。

【答案】A

2）If Nakamura's concern about the time – series results in Exhibit 1 is correct, Nordique's most appropriate action is to：

A. do nothing

B. re–estimate the regression using the form：$SR_t = b_0 + b_1 SR_{t-1} + b_2 SR_{t-2} + \varepsilon_t$

C. re – estimate the regression using the form：$(SR_t - SR_{t-1}) = b_0 + b_1(SR_{t-1} - SR_{t-2}) + \varepsilon_t$

【名师详解】已知有单位根的前提下，能够解决问题的办法是一阶差分。C 正确描述了一阶差分的自回归方程。而 B 中的方程为引入一个周期性滞后变量。

【答案】C

自回归条件异方差模型

以上终于解决了自相关和单位根（协方差平稳）的问题。最后，我们还要检测异方差的问题。正如上一章所述，异方差是指残差的方差不恒定。我们用自回归条件异方差模型（Autoregressive Conditional Heteroskedasticity，简称 ARCH）能检测异方差的问题。模型如下：

$$\varepsilon_t^2 = a_0 + a_1 \varepsilon_{t-1}^2 + \mu_t$$

以上为 ARCH(1) 模型，即将残差的平方滞后一期做回归。如该模型的斜率系数 a_1 显著不等于 0，则说明残差的方差相关，即存在异方差的问题。

【全真模拟】Aoi Nakamura is an analyst at Nomura Investment Bank. He wants to analyze data to explain and forecast the behavior of Sharpe ratios of ABC fund. He examines time – series models of Sharpe ratio (SR) behavior and begins by collecting 10 years of monthly data on Sharpe ratios. He estimates a regression equation of the form:

$$SR_t = b_0 + b_1 SR_{t-1} + \varepsilon_t$$

To determine whether the error terms exhibit heteroskedasticity, Nakamura's most appropriate action would be to:

A. perform the Dickey – Fuller test

B. regress the squared residuals from the equation on the squared residuals lagged one period

C. test whether the variance of the error in one period depends on the variance of the error in successive time periods

【名师详解】要检测异方差性，用 ARCH 模型，即将残差的平方（方差）滞后一期做回归。因此B正确。

A中Dickey–Fuller检验用来检验时间序列数据是否有单位根。C中说检验残差的方差是否依赖于之后的（successive）残差方差，这是错误的，应该是检验残差的方差是否依赖于之前的残差方差。

【答案】B

总结：时间序列分析的逻辑

至此，我们已经学完了时间序列分析的主要内容。我们来梳理逻辑顺序如下：

1. 时间序列分析只有一组时间序列数据，要预测下一期的数据。可以用回归的方法来预测，但是由于时间序列分析只有一组数据（因变量），缺少自变量，因此要解决自变量的问题。

2. 线性趋势模型就是用时间（t）来做自变量的一元回归模型，这就解决了缺少自变量的问题。但是时间序列数据不一定与时间t线性相关，很有可能是加速上升或者加速下降的。因此，做线性回归之后可能存在自相关。

3. 拿到一组时间序列数据，我们先做线性趋势模型，然后用Durbin–Watson检验来检验自相关。如果Durbin–Watson检验不能拒绝原假设（没有自相关），那么就用线性趋势模型；如果Durbin–Watson检验拒绝原假设（有自相关），那么就用对数线性趋势模型。

4. 对数线性趋势模型做完之后，仍然用Durbin–Watson检验来检验自相关。如果Durbin–Watson检验不能拒绝原假设，那么就用对数线性趋势模型；如果Durbin–Watson检验拒绝原假设，那么就用自回归模型。

5. 自回归模型是用上一期的因变量来做自变量，因此也解决了缺少自变量的问题。

6. 但是自回归模型是否解决了自相关的问题呢？我们做完一个自回归模型 AR(1) 之后，不能用 Durbin - Watson 检验来检验自相关，而要用最原始的方法，计算每一个自相关系数，对每一个自相关系数做显著性检验 t 检验。如果每一个自相关系数的显著性 t 检验都不能拒绝原假设（没有自相关），那么就用这个 AR(1) 模型；如果有一个自相关系数的显著性 t 检验都拒绝原假设（有自相关），那么就要引入一个周期性滞后变量，然后以新的（二元）自回归模型重新回归，估计回归参数。

7. 新的（二元）自回归模型重新回归之后，我们仍然计算每一个自相关系数，对每一个自相关系数做显著性检验 t 检验。如果每一个自相关系数的显著性 t 检验都不能拒绝原假设（没有自相关），那么就用这个新的（二元）自回归模型；如果有一个自相关系数的显著性 t 检验都拒绝原假设（有自相关），那么就要再引入一个周期性滞后变量，然后以新的（三元）自回归模型重新回归。这样周而复始，不断引入周期性滞后变量，最终总能使每一个自相关系数的显著性 t 检验都不能拒绝原假设。也就是说，自回归模型可以根本解决自相关的问题。

8. 自回归模型虽然解决了自相关的问题，但是带来了一个新的问题：只有协方差平稳的时间序列数据才能做自回归，这是自回归模型的前提条件。

9. 时间序列数据要协方差平稳，有一个必要条件，就是必须要有一个均值回复水平（mean reverting level）。对 AR(1) 模型，均值回复水平 $Y_{MRL}=\frac{b_0}{1-b_1}$。如果 $b_1=1$，则该 AR(1) 模型不存在均值回复水平，这个时间序列数据也就不满足协方差平稳。因此，做了一个 AR(1) 模型之后，我们要用 Dickey - Fuller 检验来检验斜率系数 b_1 是否显著不等于 1（b_1 等于 1 称为单位根）。如果 Dickey - Fuller 检验可以拒绝原假设，那么就没有单位根，可以用这个 AR(1) 模型；如果 Dickey - Fuller 检验不能拒绝原假设，那么就有单位根，不可以用这个 AR(1) 模型，此时这个 AR(1) 模型称为随机游走模型。

10. 随机游走模型有单位根 $b_1=1$，因此不满足协方差平稳的必要条件，必须做一阶差分。一阶差分最终能解决单位根的问题。

11. 以上终于解决了自相关和单位根（协方差平稳）的问题。最后用自回归条件异方差模型（ARCH）能检测异方差的问题。

回归中的时间序列问题

在做线性回归分析时，如果所采用的变量数据中有时间序列数据，那么这些时间序列数据必须是协方差平稳的时间序列数据。如果所采用的时间序列数据不满足协方差平稳，那么就不一定可以用来做回归分析，即普通最小二乘法（OLS）不一定适用。

在做回归分析之前，我们可以用 Dickey – Fuller 检验来对每组时间序列数据检验单位根。其结果不外以下三种：

1. 所有 Dickey – Fuller 检验都拒绝原假设，即每组时间序列数据都没有单位根。那么可以用来做回归分析。

2. 有的 Dickey – Fuller 检验拒绝原假设，而有的不能拒绝，即一些时间序列数据没有单位根，而另一些有单位根。那么不可以用它们来做回归分析。

3. 所有 Dickey – Fuller 检验都不能拒绝原假设，即每组时间序列数据都有单位根。那么是否可以用它们来做回归分析要看它们是否协整。如果协整，则可以用来做回归分析；如不协整，则不可以。

协整（cointegration）是指两组时间序列数据之间存在长期

稳定的关系。Dickey - Fuller Engle - Granger 检验（DF - EG test）可以用来检验两组时间序列数据是否协整。原假设为：两组数据没有协整；备择假设为：两组数据有协整。如果 DF - EG 检验可以拒绝原假设，那么两组数据协整，可以用来做回归分析；如果 DF - EG 检验不能拒绝原假设，那么两组数据没有协整，不可以用来做回归分析。

本章重要考点

考点一：对趋势模型做 Durbin - Watson 检验，解释检验结果。

考点二：用自回归模型预测，链式法则。

考点三：检验自回归模型的自相关问题，并引入周期性滞后变量解决自相关问题。

考点四：计算自回归模型的均值回复水平。

考点五：理解 Dickey - Fuller 检验用来检验单位根。

考点六：理解随机游走模型与一阶差分。